CAMPO DE VISÃO:
UM EXERCÍCIO DE ALTERIDADE

Universidade Estadual de Campinas

Reitor
Antonio José de Almeida Meirelles

Coordenadora Geral da Universidade
Maria Luiza Moretti

Conselho Editorial

Presidente
Edwiges Maria Morato

Carlos Raul Etulain – Cicero Romão Resende de Araujo
Frederico Augusto Garcia Fernandes – Iara Beleli
Marco Aurélio Cremasco – Maria Teresa Duarte Paes
Pedro Cunha de Holanda – Sávio Machado Cavalcante
Verónica Andrea González-López

MARCELO LAZZARATTO

Campo de Visão: um exercício de alteridade

FICHA CATALOGRÁFICA ELABORADA PELO
SISTEMA DE BIBLIOTECAS DA UNICAMP
DIRETORIA DE TRATAMENTO DA INFORMAÇÃO
Bibliotecária: Maria Lúcia Nery Dutra de Castro – CRB-8ª / 1724

L459c Lazzaratto, Marcelo

    Campo de Visão : um exercício de alteridade / Marcelo Lazzaratto. – Campinas, SP : Editora da Unicamp, 2023.

    1. Artes cênicas – Linguagem. 2. Improvisação – Representação teatral. 3. Campos visuais. 4. Atores – Formação. I. Título.

CDD – 792

– 792.028

– 792.01

– 791.071

ISBN 978-85-268-1605-3

Copyright © by Marcelo Lazzaratto
Copyright © 2023 by Editora da Unicamp

Opiniões, hipóteses e conclusões ou recomendações expressas
neste livro são de responsabilidade do autor e não
necessariamente refletem a visão da Editora da Unicamp.

Direitos reservados e protegidos pela lei 9.610 de 19.2.1998.
É proibida a reprodução total ou parcial sem autorização,
por escrito, dos detentores dos direitos.

Foi feito o depósito legal.

Direitos reservados a

Editora da Unicamp
Rua Sérgio Buarque de Holanda, 421 – 3º andar
Campus Unicamp
CEP 13083-859 – Campinas – SP – Brasil
Tel./Fax: (19) 3521-7718 / 7728
www.editoraunicamp.com.br – vendas@editora.unicamp.br

A Carolina Fabri, Marina Vieira e Pedro Haddad,
pelo companheirismo, pelo talento e pela constância.

AGRADECIMENTO

As experiências descritas neste livro se deram em sala de ensaio e em sala de espetáculo ao longo de muitos anos... ou seja, foram processadas e vivenciadas por muitas pessoas em idades e experiências distintas. A arte que escolhi fazer só existe em interação entre muitos. Gosto do coletivo, gosto do coro! O teatro promove diariamente o aprendizado da convivência, da troca e da partilha. Se regido pela alteridade será rico em complexidade. E por sentir que a cada dia aprendo desse modo um pouquinho mais sobre esse ofício, fica aqui meu profundo agradecimento:

a Carolina Fabri, Gabriel Miziara, Marina Vieira, Pedro Haddad, Rodrigo Spina, Tathiana Botth, Thais Rossi e Wallyson Mota, atores e atrizes da Cia. Elevador de Teatro Panorâmico, pela parceria e pelas troca constantes – quantos mundos imaginamos e materializamos...;

aos cenógrafos, figurinistas, aderecistas, compositores, técnicos e produtores dos espetáculos aqui apresentados;

a Carolina Fabri, Daniela Alves, Manfrini Fabretti, Pedro Haddad, Rafael Zenorini e Wallyson Mota, pela contribuição textual a respeito do processo de criação de *Ifigênia*;

a Mauricio Schneider e Sofia Botelho, pelo convívio e pela troca criativa em *Ifigênia*;

às atrizes e aos atores d'Os Barulhentos e da Cia. Histriônica, pela dedicação e pela entrega criativa em *Diásporas*;

a Eduardo Okamoto e Rita Gullo, pelo convívio e pela troca criativa em *Tebas*;

a Cassiano Sydow Quilici, Elizabeth Bauch Zimmermann, Luiz Fernando Ramos, Narciso Telles e Ricardo Kosovski, pela leitura em primeira mão e pela análise deste texto – suas contribuições foram valiosas;

a Cassiano Sydow Quilici, pelo lindo e significativo prefácio;

e a João Caldas – orgulho em sempre ter o grande fotógrafo do teatro brasileiro a contribuir com seu olhar ao meu trabalho.

Com eles me expando porque me apresentam coisas tantas, coisas outras, coisas várias.

Ainda bem que sempre existe outro dia. E outros sonhos. E outros risos. E outras coisas. E outras pessoas. E outros amores.

William Shakespeare

O absolutamente Outro é Outrem; não faz número comigo. A coletividade em que eu digo "tu" ou "nós" não é um plural de "eu". Eu, tu não são indivíduos de um conceito comum. Nem a posse, nem a unidade do número, nem a unidade do conceito me ligam a outrem. Ausência de pátria comum que faz do Outro – o Estrangeiro; o Estrangeiro que perturba o "em sua casa". Mas o estrangeiro quer dizer também *o livre*. Sobre ele não posso poder, porquanto escapa ao meu domínio num aspecto essencial...

Emmanuel Levinas

Senta aqui ao meu lado e deixa o mundo girar; jamais seremos tão jovens.

William Shakespeare

SUMÁRIO

PREFÁCIO – UM CAMPO ABERTO ÀS DESCOBERTAS...................... 13

INTRODUÇÃO BREVE 17

PREÂMBULO.. 21

CAPÍTULO 1 – CAMPO DE VISÃO – REVERBERAÇÕES.................. 23
    Mas o que é o "Campo de Visão"? 25
    Uma questão de ênfase 34
    Complexidade 37
    Considerações do condutor 69

CAPÍTULO 2 – *IFIGÊNIA* – QUANDO O MAR IMPROVISA SUAS
    ONDAS 77
    O entrelaçar entre tema e linguagem 77
    O mar improvisa suas ondas 80

CAPÍTULO 3 – *O JARDIM DAS CEREJEIRAS* E O CORPO-PAISAGEM ... 119
    *O corpo-paisagem n'*O Jardim das Cerejeiras 139

CAPÍTULO 4 – *DIÁSPORAS* E O CAMPO DE VISÃO 143
    O Mar, a Montanha e o Deserto 150
    A história passada e recente............................ 161
    Identidade cultural 163

CONCLUSÃO – GERÚNDIOS COMO ARREMATE 167
    Tebas e o Campo de Visão – mito e contemporaneidade...... 167
    A peste, a palavra e o teatro como contágio.............. 169
    O Campo de Visão e a palavra 170
    Tebas – O espetáculo 174

ANEXOS 183

REFERÊNCIAS BIBLIOGRÁFICAS... 187

CADERNO COM AS IMAGENS COLORIDAS...........................

PREFÁCIO

UM CAMPO ABERTO ÀS DESCOBERTAS

Cassiano Sydow Quilici

Um lance de dados jamais abolirá o acaso.
Stéphane Mallarmé

O trabalho do(a) diretor(a)-pedagogo(a) tem uma função primordial na constituição de uma cultura teatral vigorosa, constituindo-se como um fenômeno dos mais importantes da cena moderna e contemporânea. No teatro brasileiro, não são muitos os artistas que criaram e sistematizaram pedagogias criativas, voltadas tanto à formação de estudantes quanto aos processos criativos de encenações profissionais. Neste novo livro sobre o Campo de Visão – do encenador, ator, professor e pesquisador Marcelo Lazzaratto –, encontramos uma exposição generosa do processo de amadurecimento de um método que tem sido desenvolvido há mais de 30 anos. Um material precioso não só pela qualidade de suas proposições estéticas, como pelo testemunho de um trabalho que levanta uma série de questões essenciais sobre o que significa atuar e criar num panorama tão múltiplo de referências e caminhos para as artes cênicas, como o nosso.

Nascido de intuições iniciais de seu trabalho como ator, o Campo de Visão foi sendo aprofundado por Lazzaratto em várias frentes, incluindo sua atuação como docente do Departamento de Artes Cênicas da Unicamp e como diretor do grupo que fundou, a Cia. Elevador de Teatro Panorâmico. Tais circunstâncias pedagógicas e profissionais permitiram uma pesquisa continuada, fator tão importante no aprofundamento e na consolidação da pesquisa em nossa área. Entre outras virtudes de pesquisador, Marcelo não se dispersou na multiplicidade de temas e modas que, por vezes, seduzem nossos artistas, sabendo manter o foco num campo de investigação suficientemente aberto e flexível, capaz de acolher a singularidade dos participantes e questões emergentes do teatro contemporâneo. Criou, assim, um dispositivo "guarda-chuva", capaz de dialogar de maneira rica e produtiva com uma multiplicidade de referências e contribuições.

A meu ver, um dos aspectos mais interessantes do Campo de Visão é seu sentido coral, que nos remete às próprias origens do teatro ocidental. Se, como queria Nietzsche, a tragédia grega nasceu dos ditirambos dionisíacos, retornar ao coro é também mergulhar na ancestralidade da poesia dramática, tomando-a como plataforma para a criação. Não é à toa que a bela encenação da tragédia *Ifigênia*, feita pelo grupo em 2012, tenha tido um papel tão importante no amadurecimento e na ampliação desse método. O interesse de Lazzaratto pelo teatro grego e pelas mitologias fundantes da cultura ocidental construiu referências fundamentais para um trabalho que busca lançar pontes entre aspectos arcaicos que a arte é capaz de mobilizar e os desafios contemporâneos.

Porém, nada disso seria muito eficaz se não se traduzisse na criação de procedimentos práticos, desencadeadores de experiências criativas. Nesse sentido, um princípio de trabalho do Campo de Visão é o da emergência das potencialidades pessoais sempre em conexão com o todo, com o corpo coletivo que nos constitui e atravessa, tornando-nos mais atentos à interdependência dos fenômenos. O cultivo desse tipo de consciência parece-nos fundamental numa época adormecida por um individualismo exacerbado, em que o isolamento narcísico dos indivíduos é intensificado pela identificação com as imagens midiáticas e pela superficialidade dos encontros. Daí a urgência de estratégias éticas e estéticas que operem com os níveis mais básicos da nossa percepção e da nossa relação com o mundo.

No Campo de Visão, a ação nasce sempre como uma resposta a algo que se apresenta no horizonte perceptivo do participante, estabelecendo-se um jogo improvisacional contínuo. Tais proposições estimulam a visão periférica e um fino sentido de sintonia com o espaço e o outro, retirando o sujeito do seu ensimesmamento. A ação não parte de um impulso individual, mas de um exercício de abertura exterior e interior que se desdobra na cena. O exercício da ação, tão central no paradigma dramático do teatro ocidental, deve nascer aqui de uma ampliação da percepção, sem a qual torna-se previsível e fechada. Nesse sentido, o Campo de Visão afina-se com discussões teatrais contemporâneas que enfatizam categorias como "situação" e "acontecimento", colocando em questão a qualidade da presença do artista em cena e enfatizando a importância da receptividade que precede à ação.

Além de nos apresentar a estrutura de cursos e oficinas, material de grande importância pedagógica, este livro se aprofunda no uso do Campo de Visão na criação de três espetáculos a partir de materiais dramatúrgicos muito distintos. A confrontação com a tragédia *Ifigênia* conduziu o grupo a uma verticalização do estudo do coro, que se transforma na matriz de todas as ações que se apresentam em cena. Mais do que retomar aspectos específicos do teatro da Antiguidade grega, a questão que se colocava para o grupo era a da redescoberta da força coral nos tempos atuais, que "ultrapassa o estreito círculo da ação" (Schiller). O livro nos traz uma detalhada abordagem de todo o processo, incluindo o depoimento de vários participantes, o que enriquece muito a discussão e a documentação da montagem.

Já o trabalho com a peça *O Jardim das Cerejeiras*, de Anton Tchékhov, revela outras potencialidades do método, utilizado agora para a exploração das nuances não verbais e dos "subtextos" que caracterizam a dramaturgia do autor russo. A opção por uma cena mais interiorizada desloca o trabalho do Campo de Visão para a construção de atmosferas, gerando o conceito de "corpo--paisagem". A elaboração dessa ideia propicia diálogos muito interessantes tanto com a escritora Gertrude Stein, e suas propostas de "peças-paisagem", como com Fernando Pessoa/Bernardo Soares, do *Livro do desassossego*. Lembro, aqui, a importância da relação de Lazzaratto com o diretor Marcio Aurélio, da Cia. Razões Inversas, um dos poucos artistas brasileiros que se debruçaram sobre a obra de Stein. Outra importante referência artística na montagem de *O Jardim das Cerejeiras* é a artista plástica Mira Schendel, cuja obra *Ondas paradas de probabilidade* inspirou o belo cenário da peça. A descrição detalhada da montagem nos fornece um rico material de discussões sobre um corpo que não se separa da paisagem, colocando mais uma vez em xeque a ideia da cena como mero espaço de relação entre indivíduos.

O terceiro espetáculo, *Diásporas*, concebido e produzido entre 2014 e 2017, expressa um novo movimento "para fora", um projeto de investigação da questão contemporânea dos fluxos migratórios, transformando a questão do espaço, base do Campo de Visão, num tema geográfico e geopolítico. A estratégia para

PREFÁCIO – UM CAMPO ABERTO ÀS DESCOBERTAS

abordar a questão foi a criação de uma fábula, uma macronarrativa que pudesse expressar simbolicamente diferentes culturas no seu vínculo com paisagens distintas: deserto, montanha e mar. Destaca-se a magnitude do projeto, que reuniu 45 atores, muitos deles com passagens pelo próprio Elevador de Teatro Panorâmico. A encenação torna-se, assim, uma espécie de celebração da história do grupo e, também, talvez inconscientemente, uma reflexão sobre os fluxos migratórios e o nomadismo dos próprios artistas de teatro, num panorama cheio de incertezas e inseguranças como o nosso.

Sem mencionar explicitamente o conceito de "prática como pesquisa", hoje bastante explorado na pesquisa acadêmica em artes da cena, pode-se dizer que Lazzaratto realiza um trabalho exemplar nesse sentido. A partir de uma série de projetos e ações pedagógicas e artísticas, vai construindo seus próprios conceitos e estratégias, sem negligenciar o diálogo com tradições e referenciais culturais e artísticos fundamentais da sua trajetória, mas sempre aberto a novas descobertas. É necessário insistir, mais uma vez, na importância da universidade e dos programas de fomento que forneceram condições mínimas de estabilidade e continuidade, para que a contribuição singular desse tenaz e talentoso artista e pedagogo pudesse se desenvolver.

Por fim, gostaria de destacar uma qualidade especial, que para mim caracteriza não só a obra, mas a própria pessoa do autor: a disposição sempre generosa de compartilhar seu trabalho e sua energia criativa. Isso se reflete na própria linguagem deste livro, que estabelece uma conexão direta com o leitor, sustentando a densidade da discussão sem se perder em academicismos e jargões. Trata-se de uma escrita encarnada, que expressa o envolvimento profissional e existencial de um artista apaixonado. Por isso, o "Lazza", como é conhecido por amigos, colegas e estudantes, tem feito um trabalho tão importante de formação, criação e desenvolvimento de um pensamento original, coisa rara nos tempos que correm.

INTRODUÇÃO BREVE

Este trabalho é mais um passo importante na pesquisa em interpretação teatral e linguagem cênica chamada "Campo de Visão", que venho desenvolvendo há mais de 30 anos.

Estabelecendo, *grosso modo*, uma lógica amparada em décadas, posso nomear a primeira década dessa pesquisa como *caótica* – aquela em que as descobertas se davam na dinâmica do dia a dia sem muito senso, com frágil metodologia, regida pelo espanto. Sim, posso dizer que o espanto que sentia diante da potência do Campo de Visão me guiava a querer conhecê-lo ainda mais. E o aplicava em sala de aula meio sem jeito, seguindo a pura intuição.

A segunda década, posso talvez nomear de *organização* – nela, pude realizar a primeira sistematização, graças a um projeto de pesquisa de mestrado aprovado na Unicamp em 1999 e também à criação da Cia. Elevador de Teatro Panorâmico em 2000, que se tornou um terreno fértil e indispensável para essa sistematização e para novos desdobramentos que futuramente resultaram em meu doutorado – no qual procurei escavar a dimensão interior do trabalho do ator a partir do que até ali desenvolvia no Campo de Visão. Esse período se fechou com a consolidação da pesquisa e a publicação do livro de minha autoria *Campo de Visão: exercício e linguagem cênica*, de 2011.

A terceira década, talvez possa nomear de *reverberação* – quando pude estabelecer conexão com materiais dramatúrgicos clássicos e todos os seus imaginários constituintes, e, desse encontro, verificar, como em um duplo--contágio (conceito por mim cunhado no doutorado), o quanto o Campo de Visão reverberava naquelas estruturas e as redimensionava e, ao mesmo tempo, o quanto elas redimensionavam as dinâmicas, os procedimentos e as reflexões que até então vinha desenvolvendo, seja nos trabalhos de criação, seja nos cursos, nas oficinas e nos *workshops* sobre ele que realizava; e também, década em que a pesquisa reverberou em maior quantidade e intensidade em pesquisadores, atores e *performers* que por ele se inseminaram.

O trabalho que aqui se apresenta é fruto dessa última década. Tornava--se imperioso colocar no papel as inquietações, as descobertas, os sutis redimensionamentos, as reflexões e os processos criativos desenvolvidos nos últimos dez anos. As demandas diárias de toda ordem muitas vezes nos impedem de parar e organizar o material processado. Entramos no redemoinho das produções artísticas e acadêmicas, sem contar as demandas da esfera pessoal, e nos privamos do tempo da caneta sobre o papel. Assim, ano após ano, fui me sentindo devedor para com o trabalho que eu mesmo realizava. Como a pesquisa é contínua, dez anos depois, o livro *Campo de Visão*, embora contenha todos os elementos fundantes do sistema, necessita de um segundo volume. Como ler sobre o Campo de Visão sem ter, por exemplo, acesso a detalhes da criação de *Ifigênia*, espetáculo cerne da pesquisa que veio a público em 2012? Espero que, com este trabalho, essa lacuna seja, dentro do que aqui é possível, superada!

Antes, porém, creio que seria importante destacar que essa pesquisa vem a cada ano reverberando cada vez mais tanto no âmbito artístico quanto no acadêmico. Posso mesmo dizer que ela já é uma referência para muitos artistas pesquisadores e aplicada em diversos processos de criação.[1] Capítulos de dissertações e doutorados, artigos em revistas especializadas e congressos já foram publicados por mim e por esses pesquisadores ao longo do tempo, ampliando o seu alcance. Isso para citar alguns que de certo modo estão e permanecem em minha mira de alcance, pois é comum chegar aos meus ouvidos a aplicação do Campo de Visão em lugares ignorados e por pessoas desconhecidas. Quando se põe um filho no mundo, do mundo ele é. Nos diversos cursos que realizo tanto no Espaço Elevador quanto em festivais,

---

[1] Desde 2006 ela se tornou objeto de estudo, investigação e uma referência significativa nos trabalhos de mestrado e doutorado de artistas-pesquisadores como a Profa. Dra. Marina Elias Volpi, da UFRJ; o Prof. Dr. Pedro Haddad Martins, da Unesp; o Prof. Dr. Robson Rosseto, da UFPar; o Prof. Dr. Rodrigo Spina de Oliveira Castro, da Unicamp; Carlos Doles Jr., Michele Gonçalves, Clara Rocha, Cristian Lampert, Ana Carolina Salomão; e nas pesquisas em iniciação científica de João Vitor Muniz da Silva, Paula Sauerbronn, Juliana Saravali Garcia e Mauricio Oliveira Correa Silva, além do artista-pesquisador português João Paiva, que a desenvolve na região de Coimbra, em Portugal.

universidades, instituições públicas e não governamentais como Sesc e Sesi, chegam pessoas de várias regiões do país interessadas em conhecê-lo e, quem sabe, aprofundarem-se em suas dinâmicas, e acabam por disseminá-lo no local onde vivem e trabalham. Posso mesmo dizer que Campo de Visão já está consolidado como um sistema criativo de trabalhos em improvisação cênica, mas essa consolidação nada tem a ver com trabalho concluído. Pelo contrário, o Campo de Visão é dinâmico e, como uma boa improvisação, nunca será totalmente equacionável. Sempre se revela em uma faceta insuspeitada, principalmente a mim, que trabalho com ele diariamente há tantos anos.

Este trabalho se articula em quatro capítulos e uma conclusão: no primeiro, apresento reverberações advindas dos processos criativos da Cia. Elevador e também dos cursos e experiências com outros coletivos com os quais pude trabalhar nos últimos dez anos; e também estabeleço conexões com alguns pensadores que, de certo modo, iluminam aspectos fundamentais do Campo de Visão. No segundo capítulo, apresento aspectos específicos do processo de criação de *Ifigênia*, espetáculo basilar da pesquisa. O terceiro é dedicado a *O Jardim das Cerejeiras*, processo em que o sistema serviu como fundo das estruturas cênicas, posso mesmo dizer como um contraponto estruturante da dinâmica. No quarto capítulo é a vez de *Diásporas*, espetáculo produzido com três companhias distintas e 45 atores em cena, todo ele criado em Campo de Visão. Por fim, na conclusão, apresento brevemente o atual estágio da pesquisa que em *continuum* vai estruturando o seu devir.

As palavras que a partir de agora estarão aqui impressas configurando este texto são palavras que, de alguma forma, tentarão aprofundar nosso encontro: o que ele me ensinou e ensina diariamente e o que eu nele descobri e delineei para que se fortalecesse, ganhasse seus contornos e pudesse ser transmitido. Uma troca verdadeira. Em nós não dá para saber ao certo quem criou o quê, se ele me formou ou se eu o engendrei assim, quem ensinou o que a quem, quem determinou esse ou aquele caminho. Do amálgama do muito fazer, muito falar, muito processar, muito ensinar, muito ver e ouvir tantos e tantos que estiveram em minha frente exercitando-o sob minha condução é que nos formamos. Ele e eu. Nosso nascimento é fruto de uma alteridade. Ele e eu.

PREÂMBULO

Em todo início de trabalho com o Campo de Visão os atores são posicionados no espaço na forma de um U. A essa posição dei o nome de Ponto Zero.[1] Um lugar de escuta, um lugar de latência, um lugar de prontidão, um lugar de concentração poética. Ali, um ator pode pensar/imaginar o que a seguir se descreve:

Começo no início. Que início? Num suposto início. No Ponto Zero. Aqui estou. Aqui escuto, vejo, percebo. Estou em pé inserido num espaço. Sinto o solo com a pele dos meus pés. Sinto o ar com a pele dos meus braços, do meu rosto e das minhas mãos. Sinto a temperatura. Escuto. Olho para frente e vejo! Vejo também o entorno, o que está em meu entorno. Meu campo de visão se expande já aqui. Supera os 180 graus regulares de minha visão periférica. Avança circularmente, não de maneira cronológica; é estranho. Os cinco sentidos se coadunam e se potencializam mutuamente. A percepção faz com que minha visão se conecte com todo o meu entorno e – surpreendente – me conecta também a uma dimensão que se manifesta em minha interioridade, ainda sem forma, em puro fluxo. Nesse espaço infrainterior, manifesta-se algo que ali já estava, já existia. Dentro e fora, num átimo, deixam de existir. Integração. Conexão. O espanto causado pela percepção me ativa os dendritos, o coração e minhas extremidades. Há um enorme rebuliço concentrado em mim. Externamente estou parado, suspenso, num ponto zero. Lugar de suposta neutralidade, de esvaziamento, de abertura, de conexão, de concentração poética. Isso, concentração poética! O trabalho que será feito é um trabalho criativo. O Ponto Zero já me coloca em criação, e, de repente, não mais que de repente, faço uma escolha.

A escolha que aqui se fez, querido leitor, foi a urdidura deste texto que espero o contagie tanto quanto um ator ao adentrar no Campo de Visão.

---

[1] Ponto Zero é um termo concebido para o Campo de Visão. Para saber mais a respeito, ver Lazzaratto, 2011.

Cena de *Diásporas*: encontro de culturas. Estranhamento, reconhecimento, identificação, apropriação, exploração, deslocamento forçado.*

* Esta e as demais fotos que aparecem neste livro são de autoria de João Caldas.

CAPÍTULO 1
CAMPO DE VISÃO – REVERBERAÇÕES

Se o homem é duplo e triplo também o são as civilizações e sociedades. Cada povo mantém um diálogo com um interlocutor invisível que é, simultaneamente, ele mesmo e o outro, seu duplo. Seu duplo? Qual é o original e qual o fantasma? Assim como na fita de Moebius não há exterior nem interior, a "outridade" não está lá, fora, senão aqui, dentro: a outridade somos nós mesmos. A dualidade não é algo colado, postiço ou externo; é nossa realidade constitutiva: sem outridade não há unidade. E mais: a outridade é a manifestação da unidade, a maneira como essa se apresenta. A outridade é uma projeção da unidade: a sombra com a qual lutamos em nossos pesadelos; e, ao contrário, a unidade é um momento da outridade: o momento em que nós sabemos um corpo sem sombra ou uma sombra sem corpo. Nem dentro nem fora, nem antes nem depois... A outridade nos constitui.

Octavio Paz, *O labirinto da solidão.*

Existem muitos olhares. Existem muitas linguagens. Existem muitos "teatros".

Existem muitos procedimentos. Existem muitos exercícios. Existem muitos corpos.

Se vivos, todos potentes. Se intensos, todos interessantes. Quem determina o que é vivo ou não, o que é intenso ou não, geralmente, é o futuro que se presentifica logo após o presente daquele acontecimento.

Vida e intensidade não podem ser premissas equacionáveis por qualquer metodologia ou interesse. Por isso que nada rege, *a priori*, o que é melhor ou não nas Artes Cênicas, e tudo traz em si potência de ser. Existir.

Respeito e admiro os mais variados procedimentos e dinâmicas de criação cênica. Em minha trajetória como ator, tive a oportunidade de experimentar uma rica variedade deles. Desde um estudo prático-teórico aprofundado sobre o sistema stanislavskiano, quando, ainda aluno da ECA-USP, eu e um grupo de amigos formamos o Grupo Nove e nos colocamos esse objetivo; como os procedimentos brechtianos longamente empregados na Cia. Razões Inversas, da qual fui um dos integrantes por dez anos, dirigida por Marcio Aurelio; procedimentos criativos do teatro-dança de Pina Bausch; método Suzuki, com o próprio; intervenções performáticas em um momento em que não se dava a elas o valor que hoje se lhes dá; flertei com a máscara neutra, com o *clown*, com oficinas de contato e improvisação, Klaus Vianna, Teatro Nô, dança indiana e, se puxasse um pouco mais pela memória, outros certamente fariam parte dessa listagem panorâmica.

Iniciei minha jornada como ator, e um ator é um artista do experimento. Onde há experiências, ele está. Anseia por isso. Colocar-se à disposição e à prova. Embrenhar-se no desconhecido é seu *karma*. Desde os primeiros passos, encontrei em mim uma atitude compatível com o improvisar. Gostava do improviso. Nem sei ao certo se realizava bem as improvisações cênicas a que me propunha. Mas elas me desafiavam. Tinham a capacidade de me fazer operar em alta voltagem! Mas também exigiam de mim um apuro formal. O livre improvisar me iluminava aspectos condutores. Minha inteligência se fortalecia. Quanto maior era a liberdade do improviso, mais encontrava em mim atributos norteadores. Minha mente se dilatava... Meu corpo era minha mente. Minha mente era meu corpo.

Foi em uma aula de improvisação que o querido professor Janô (Antônio Januzelli) me disse com muita clareza: "Marcelo, você tem traquejo de direção".

Nunca mais me esqueci disso... Ele observava que, em minhas improvisações, algo se organizava cenicamente como se entrevisse ali um rascunho de traço de diretor. Ele observava minha atuação nos trabalhos em grupo, preparando um improviso, articulando ideias e espaço... Nascia ali um ator-condutor ou talvez um diretor-ator ou qualquer outro nome que encerre essa dualidade. E segui meu caminho... De aluno na Sala Preta, às muitas salas das escolas de teatro – Tuca, Macunaíma, Célia Helena, às salas de ensaio das Razões Inversas, às salas cênicas da Unicamp, à "sala" do Espaço Elevador, me aventurei por incontáveis mundos e experimentei inúmeras possibilidades criativas.

E aqui, desse ponto em que hoje estou, olhando a vasta, rica e variada paisagem das Artes Cênicas nesse primeiro quarto do século XXI, em que as fronteiras entre as artes se esmaeceram, o intercâmbio entre artistas de domínios diferentes aumentou, em que todo indivíduo tem a oportunidade de se manifestar a qualquer momento através das tecnologias vigentes, de certa forma me entendo, me reconheço, sei que modestamente contribuo a ela com meu atento, disciplinado e contínuo trabalho com/sobre/através d(o) Campo de Visão.

MAS O QUE É O "CAMPO DE VISÃO"?

Em meu mestrado, defendido em 2003, apresentava-o, assim, em linhas gerais:

> Trata-se de um exercício em Improvisação Teatral, coral, no qual os participantes só podem se movimentar quando algum movimento gerado por qualquer ator estiver ou entrar em seu campo de visão. Os atores não podem olhar olho no olho. Devem ampliar sua percepção visual periférica e, através dos movimentos, de suas intenções e pulsações, conquistar naturalmente uma sintonia coletiva para dar corpo a impulsos sensoriais estimulados pelos próprios movimentos, por algum som ou música, por algum texto ou situação dramática. Trata-se de uma improvisação conduzida, cabendo ao condutor a difícil tarefa de interferir apenas nos momentos precisos e necessários para impulsionar e realimentar o jorro criativo dos atores.[1]

---

[1]   Lazzaratto, 2011, pp. 41-42.

Hoje, o Campo de Visão continua a ser um potente exercício de improvisação coral com inúmeras qualidades pedagógicas, como: amplia o repertório gestual e imagético; amplia a visão periférica e a percepção do outro; desenvolve a noção espacial ativando e articulando um estado de concentração poética em que Razão e Sensibilidade se interseccionam livremente; permite que, a partir do outro, o ator amplie seu potencial criativo, enriqueça sua visão de eventuais "personagens" evitando cristalizações preconcebidas, além de propiciar um mergulho cada vez mais profundo tanto em sua interioridade quanto no universo a ser criado. É um trabalho essencial e complementar a qualquer processo criativo e instiga os participantes a realizar o difícil, porque complexo, exercício de alteridade.

O Campo de Visão leva em conta o *acaso* e a *escolha* como partes constituintes de sua estrutura fundamental no momento presente tanto de sua criação quanto de sua fruição. Nele, é sempre o "outro" que proporciona ao "eu" seu sentido e sua forma. Tudo o que se cria no Campo de Visão, a gestualidade, o ritmo, o movimento e até os "personagens", nasce do profundo diálogo criativo que se estabelece entre o "eu" e o "outro". Um exercício de alteridade.

O Campo de Visão continua em constante transformação. De 2002, ano de sua primeira sistematização objetiva, até agora em 2023, muitas coisas foram descobertas e agregadas ao seu escopo. Continuamente, ele se apresenta em uma nova sutileza, fazendo com que se reorganize a cada vez em que é "jogado" pelos atores. Sua estrutura possibilita que o ator investigue seu ofício em diferentes configurações estéticas: através dele, pode-se investigar uma expressividade expressionista, simbólica, realista, épica etc., além de estabelecer diálogo direto com o que comumente chamamos de teatro-dança.

Assim, o Campo de Visão oferece ao ator instrumentos para que possa compor poéticas variadas de acordo com seus objetivos. Sua estrutura é dinâmica e prevê a intersecção entre *psiché* e *techné*. É nessa intersecção que as poéticas podem ser instauradas, preservando, ao mesmo tempo, as latências orgânicas fluindo através do corpo do ator e o rigor técnico de sua execução. Por se estruturar como um exercício apoiado no jogo da alteridade, ele não se esgota. Ele estimula o ator a potencializar seu corpo como um corpo perceptivo, aberto às impregnações na mesma medida que o estimula a ser condutor/criador de suas escolhas estéticas.

E ele é também um pressuposto estético e uma linguagem cênica. O espetáculo processual e improvisacional *Amor de improviso*, que estreou em 2003 e que ficou em cartaz por quatro anos consecutivos, foi o trabalho em que pude verificar se, de fato, ele se configurava como linguagem. A pesquisa continuada sobre ele e através dele me levou a descobrir e desbravar outros tantos caminhos que o fortaleceram e ampliaram suas possibilidades de ação.

Tanto o ator quanto o diretor, bem como o professor e o pesquisador, funções que mal ou bem exerço nesses últimos 30 anos, reconhecem que aquilo que verdadeiramente me impulsiona, me provoca, me questiona, me desestabiliza e me incandesce é o Campo de Visão. E creio que seja importante ressaltar que o ator foi o primeiro a ser tocado por ele. Foi como ator que ele, a mim, se apresentou. Lançou-me na experiência, me cativou, pois me dilatou, me potencializou, me fez ao mesmo tempo único e interdependente, pertencente a um campo de possibilidades. Sim, o Campo de Visão é um campo de possibilidades...

Há mais especificamente 24 anos, os atores da Cia. Elevador de Teatro Panorâmico, meu grupo de pesquisa,[2] colaboram profundamente com essa jornada, com seus corpos, sua sensibilidade, seu suor, sua inteligência. Sua primeira sistematização como exercício ocorreu quando montamos *A hora em que não sabíamos nada uns dos outros*, de Peter Handke (2002). De lá para cá, todos os trabalhos desse grupo de pesquisa o têm como base para todas as suas criações, às vezes se configurando como a própria linguagem do espetáculo, como em *Amor de improviso* (2003), *Ifigênia* (2012) e *Diásporas* (2017), às vezes como suave mas denso pano de fundo, como em *Eu estava em minha casa e esperava que a chuva chegasse* (2007), *O Jardim das Cerejeiras* (2014), *Mais e menos dias* (2021) e *Tebas* (2022).

Ele foi meu objeto no mestrado, quando pude fazer a sua primeira sistematização em 2003; ele foi o guia que me conduziu pelas paragens da dimensão íntima do ator em meu doutorado em 2008; ele é base de todos

---

2 Currículo da Cia. Elevador e do Espaço Elevador: <https://docs.google.com/document/d/15krqOTnXxJUv48aDEs7ZokwP8JJhRISn/edit?usp=sh aring&ouid=103082557677975624189&rtpof=true&sd=true>.
Clipping da Cia. Elevador: <https://drive.google.com/file/d/1eqqdoYi EaTHPHDzfXMVH_iStpBfozRZ1/view?usp=shari ng>.
Portfólio do Espaço Elevador: <https://drive.google.com/file/d/1uX5h5s8y4JnK6o5nDMvd aVpKV9LcxASn/view?usp=shari ng>.

os trabalhos artísticos da Cia. Elevador. Ele me oferece subsídios para a condução dos diversos coletivos com que já pude trabalhar, seja como diretor teatral ou como professor. Digo isso porque foi através de sua talvez principal característica, o exercício da alteridade, que me fortaleci nessas atividades condutoras que se estabelecem plenamente por contiguidade, por interação, por escuta e atenção aos outros indivíduos envolvidos no processo. E espero que, ao longo deste texto, possa fazer com que esses subsídios se esclareçam e incandesçam seus olhos, querido leitor.

Nunca mais me esquecerei das palavras do professor Armando Sérgio da Silva no dia da defesa de minha dissertação de mestrado: "Marcelo, às vezes um artista descobre uma coisa, uma única coisa que o acompanhará por toda a vida. Você descobriu a sua: o Campo de Visão".

Palavras que hoje, tantos anos depois, se mostraram verdadeiras. Aqui estou com ele para continuar falando sobre ele. Ele não me larga, não o largo. Porque ele, de certo modo, mais do que um procedimento artístico, um pressuposto estético e uma linguagem cênica, opera em mim um modo de viver, um modo de sentir, perceber, processar e transmitir as coisas do mundo. E quando digo um modo usando o artigo indefinido "um" é porque a indefinição é sua constituinte. Um modo, vários modos, inúmeros modos de sentir e agir sobre as coisas do mundo. Ele é ao mesmo tempo plural e singular, porque ele me mostrou que, no jogo improvisacional (e na vida), a cada novo momento uma nova escolha é feita de acordo com tudo que ali está envolvido. Essa é a sua maior característica. É nesse lugar primeiro que ele ativa o trabalho do ator. O Campo de Visão indica que tudo é um todo dinâmico e em fluxo, e que para nadar nessa correnteza tem-se que exercitar nos processos dinâmicos e não represar os fluxos.

Costumo dizer que o Campo de Visão é um grande guarda-chuva que acolhe todas as técnicas a serviço de qualquer poética. Atores, dançarinos e *performers* com apuro técnico em *ballet* clássico, dança contemporânea, capoeira, *kung fu*, *butoh*, *kathakali*, mímese corporal dramática, máscara neutra e/ou que trafeguem bem pela *commedia dell'arte*, pelo realismo, pelo simbolismo, pelo expressionismo, pelo teatro épico, antropológico, performático etc. etc. etc., todos encontram no Campo de Visão lugar de morada e abastecimento, de repouso e ampliação de repertório. Porque o Campo de Visão é um generalista que compreende e impulsiona as especialidades. Ele recebe bem qualquer manifestação estética e contribui a ela mostrando sutilmente outros horizontes, outras possibilidades, sem ferir suas características identitárias. Porque ele promove intensamente o exercício da alteridade. Só através dela ele acontece, ou poderia também dizer: ele acontece porque em Campo de Visão.

Por ser coral e coletivo, o Campo de Visão já parte do pressuposto de que as manifestações individuais acontecerão, sim, mas sempre em contato e em interação com outras individualidades que as transformarão inevitavelmente, evitando, assim, serem ações ensimesmadas, de baixa potência e de curto alcance – problema crônico da contemporaneidade.

Por ser coral, ele vivifica em nós ancestralidades em que os indivíduos se compreendiam antes coletivamente do que individualmente. Ele nos faz lembrar que estamos sempre inseridos em algo maior do que nós mesmos, que fazemos parte de um todo. Que uma simples ação individual transforma o todo, e que qualquer acontecimento transforma o indivíduo, sempre, irrevogavelmente. E que não há problema nisso. Muito pelo contrário... Estimula a compreender que nada é para sempre e que nada permanece sempre do mesmo modo. Que tudo flui e vibra, constantemente. Ele nos diz: sinta-se parte de um todo! Se você percebe que sempre está inserido em algo, você se incandesce, se multiplica, porque você reconhece uma força que não depende só de si. Torna-se capaz de relacionar coisas, fazer associações, criar metáforas, tecer analogias. Assim, tudo fica mais rico e mais tranquilo de ser criado. O seu entorno está sempre acontecendo. Em tudo há acontecimento. Esteja receptivo a isso. Tudo é material para você se alimentar.

Por ser coral, ele é um caminho para que os padrões arquetípicos possam, de algum modo, ser acessados, amplificando a percepção tanto das coisas externas ao indivíduo quanto de sua dimensão íntima. É curiosa essa característica paradoxal: por ser coletivo, ele nos proporciona mergulhos mais profundos em nossa interioridade individual e ali percebemos que somos antes uma potência de ser do que uma afirmação inequívoca de nossa identidade. Ou seja, ele nos mostra que antes somos muitos, vários, poderia mesmo dizer, todos, e que, num processo de inúmeras escolhas conscientes e inconscientes, delineamos aos poucos nossa identidade. Mas que em momento nenhum para afirmá-la precisamos nos desvencilhar daquele estado primordial múltiplo.

Por ser improvisacional, ele estimula o ator ao jogo. Ele faz com que as incertezas sejam elemento fundamental do trabalho. Ele relativiza preconceitos e abre as portas para outras possibilidades, novas percepções que o acontecimento pode gerar a cada momento. Por isso ele é desestabilizador. E por isso, paradoxalmente, ele fortalece nossa condução. Porque no improviso é fundamental que o ator esteja à deriva no mesmo instante em que seja condutor de suas ações.

Por ser improvisacional, ele instiga o ator a estabelecer contato com tudo que o cerca para ali encontrar sentido. Ele mostra que nunca estamos sozinhos, que de alguma forma sempre pertencemos a algo e que não somos "os donos do negócio". Ele opera em nós a dupla ação de sermos propositivos e receptivos simultaneamente.

Aliás, simultaneidade é um dos termos mais utilizados na condução do Campo de Visão. Tudo ali acontece simultaneamente. Conceitos como ação e reação, linearidade, causa e efeito, embora inegavelmente existam e sejam necessários a qualquer acontecimento, não são o cerne de sua manifestação nem o objetivo a ser alcançado. São apenas uma parte da experiência. O Campo de Visão promove, sim, a percepção e o entendimento de que tudo acontece simultaneamente. Desafia os atores a descobrir como conseguir propor e receber algo simultaneamente, residindo aí o entendimento do que é condução. Tal condução é nele exercitada! Não há distância nem diferença temporal entre proposição e recepção.

Se, de fato, o ator se colocar em fluxo, ele perceberá que conduz e é conduzido ao mesmo tempo. Simultaneamente, sincronicamente. Se me permite divagar, costumo usar a imagem do rio para melhor esclarecer essa questão quando estou conduzindo os trabalhos. É a margem que determina o rio? Ou é o fluxo ininterrupto do rio que determina a margem? Na verdade, trata-se de uma operação simultânea, sincrônica. Um entrelaçar sem início ou fim, sem causa e efeito, além ou aquém das cronologias.

Porque tudo no Campo de Visão é interdependente, como me parece que tudo na vida. Há uma interdependência atávica entre todos os elementos que constituem o acontecimento, mas de modo algum tal interdependência tira do indivíduo a responsabilidade de agir, de escolher, de propor. Muito pelo contrário. Essa percepção da interdependência faz com que se ampliem a responsabilidade e a necessidade das escolhas individuais para que o coletivo se fortaleça; porém, revela também que cada escolha é dependente daquilo que já está sendo escolhido pelo coletivo, pela natureza.

Por isso que o corpo do ator no Campo de Visão busca e se transforma em um corpo perceptivo. Há uma redundância nessa imagem, bem sei, porque o corpo de qualquer ser humano é sempre perceptivo, é uma das qualidades que o definem. Mas, mesmo sabendo disso, pronuncio a "imagem", pois em muitos momentos, seja lá por quais motivos, seja pela atribulação da vida contemporânea, pela sua aceleração, pela valorização da individualidade, pela poluição sonora, olfativa e visual da urbanidade, há nos indivíduos um embotamento dos sentidos que minimiza a capacidade de percepção. O ator deve exercitar seus sentidos, aguçá-los, afiná-los, desbloqueá-los, tornar novamente seu corpo um corpo perceptivo. E hoje, depois de tantos anos de trabalhos e investigação, afirmo sem dúvida que o Campo de Visão contribui e muito a esse processo.

Quanto mais aguçada a percepção, mais "escuta-se" o outro integralmente. Qualquer outro – um indivíduo, um objeto, um som, o espaço, uma imagem... os "outros" de sua interioridade... Ampliando sua percepção, o ator se amplifica também. Para o artista das Artes Cênicas, é fundamental que a percepção integral esteja aberta, para que seu corpo psicofísico seja afetado pelo que está acontecendo à sua volta. E, assim, diminua sua ânsia em querer controlar tudo, ou fechar-se em suas ideias preconcebidas. Esse controle pode resultar em escolhas arbitrárias, impedindo o real mergulho na experiência.

E para estar na experiência integralmente é necessário perceber-se inserido em um campo largo, amplo, horizontal – sendo afetado por aquilo que vê e por aquilo que não vê, por aquilo que conduz e por aquilo que o conduz. Pelas motivações interiores e por aquilo que o move independentemente de sua vontade. É equilibrar vontade e inércia, movimento e pausa. O Campo de Visão assim se chama não por acaso; ele promove em nós a percepção de que estamos inseridos em um campo de possibilidades, que o meu ponto de vista inserido nesse campo é apenas uma possibilidade, que o meu ponto de vista não determina sozinho a realidade, que ela pode ser maior do que isso; que estamos sempre sendo afetados por aquilo que notamos e por aquilo que nem sabemos de onde veio, e que isso é tão mobilizador quanto nossa vontade individual ou nossa escolha a partir de nosso ponto de vista. Nele, os acasos e as incertezas, que geralmente causam medo e angústia, são constituintes do todo e estimulantes. Que o exercício importante e necessário dos pontos de vista, seja por questões ideológicas, estéticas ou mesmo como exercício para o ator, é apenas uma parte do trabalho. A imagem "campo de visão" alarga os horizontes e a percepção, coloca-nos na vastidão, ao mesmo tempo pequenos e indispensáveis à paisagem. Dá-nos a dimensão real de nossa existência e importância. Dá-nos a certeza de que sempre, inequívoca e inexoravelmente, estamos inseridos em algo que nos transcende e a que transcendemos simultaneamente.

Acredito que essa imagem é muito potente para o trabalho do ator.

Porque ali, nesse campo, o ator verticaliza o trabalho. Na horizontalidade, ele encontra em si as forças verticais. Podemos visualizar a seguinte imagem: no meio desse campo largo e horizontal, nessa vasta planície, há um indivíduo em pé olhando ao redor. Seu corpo, assim, descreve uma linha vertical em meio à horizontalidade do campo. O indivíduo é a própria verticalidade na paisagem. Seus mergulhos em sua dimensão íntima, estabelecendo contato com as forças do consciente e da intuição, são traços verticais em diálogo constante com a horizontalidade da planície. Qualquer coisa do ambiente o afetará, e seu processamento interior gestará um sopro, um gesto, uma ação que afetarão também o ambiente. E, simultaneamente, esse mesmo indivíduo na mesma paisagem é afetado por algo de sua dimensão interior: uma lembrança, uma sensação imemorial que faz com que seu corpo psicofísico se altere afetando e alterando o seu entorno. Tudo conectado sempre, interligado e em fluxo. As coisas de dentro com as coisas de fora, horizontalidade e verticalidade, razão e sensibilidade, tudo em fluxo contínuo, mas guardando suas dimensões específicas.

Isso é importante destacar: que fique claro que o que o Campo de Visão propõe não é um amálgama absoluto em que as características de toda e qualquer coisa, seja um objeto, uma paisagem ou um indivíduo, se desvaneçam. Pelo contrário, é conexão na diferença. Embora eu esteja profundamente conectado com o outro, há diferenças entre nós e essas diferenças interessam. Promovemos profunda conexão quando entendemos e respeitamos a diferença. O não entendimento disso pode levar a ideais totalitários em que se passa por cima de todo e qualquer diferente. Uma das grandes dificuldades do Campo de Visão, e posso estender às da vida, é entender a diferença e se relacionar com ela de forma potente.

Preservar as diferenças é tão importante quanto se perceber parte de um todo. Aliás, somente nos percebemos assim quando de fato nossa identidade está fortalecida. Como dizia Pascal: "Considero impossível conhecer as partes enquanto partes sem conhecer o todo, mas não considero menos impossível a possibilidade de conhecer o todo sem conhecer singularmente as partes".[3] A Parte e o Todo, metonímia e metáfora, assim opera o Campo de Visão. E para isso são necessários a percepção e o entendimento da "distância". Nele, é fundamental a preservação das distâncias entre os atores. A distância esclarece! A distância propicia melhor visão do outro, melhor visão do que ele está fazendo, além de garantir que o movimento coral que ali se instaura de improviso não adquira características unitárias e unívocas sem que se queira. Porque a unidade é também uma possibilidade do Campo de Visão.

O Campo de Visão nos sabe múltiplos. Não é de seu interesse somente o coro de uma única voz, mas sim um coro de vozes com os mais variados timbres que podem ou não formar uma unidade. Mais adiante, quando discorrer um pouco sobre o espetáculo *Ifigênia*, certamente voltarei a essa questão.

Por ora digo que há uma tendência em nós atores de buscarmos a expressão a qualquer preço. O ator geralmente é um bicho ansioso que quer fazer, dizer, se movimentar, se expressar. Por, acertadamente, entender seu ofício como aquele que realiza ações, ele cai na própria armadilha e age desmedidamente. Ainda mais em improvisações! Seu trabalho vira uma "fazeção" que aos poucos perde o propósito e a clareza. Nada ressoa naquele corpo, nada reverbera nele e através dele. Não há contato com o espaço, com as palavras, com o imaginário daquela circunstância, com a plateia, com tudo que o cerca. Ele se torna uma máquina de se expressar. É bastante comum esse equívoco nos mais variados processos, nas mais variadas linguagens.

O Campo de Visão me ensinou que antes de fazer é bom escutar. Antes de dizer é bom imaginar. Antes de expressar é preciso reverberar em si o que será feito. Ponto Zero. Resguardar. Esperar. Respirar. Intensificar com sopro, imagem e tônus seu corpo e, aí sim, lançar no espaço seu gesto expressivo. Escutar integralmente, com todo o corpo, abrir-se ao mundo e às imagens antes da manifestação. Que isso dure um tempo, que isso dure muitos tempos, não importa; o que importa é que essa escuta aconteça verdadeiramente.

Sim, o termo "escuta" soa comum, óbvio, talvez desgastado por tanto que o utilizamos em qualquer curso de teatro, em qualquer ensaio... Mas... É preciso

---

[3] Morin, 2007, p. 103.

aguçar a escuta. Quando escutamos o que estamos criando, criamos melhor. Digo ainda, quando nos colocamos na escuta do devir, criamos melhor. É importante que o ator saiba que a ação de escutar é tão ou mais importante que a ação de propor; e saiba que escutar já é uma ação. Deve-se sempre partir do pressuposto de que, antes de fazer algo, você está. Escutar está vinculado ao estar. Simplesmente estou. Perceber-se integralmente no estar é o caminho para a escuta. Não tenho que fazer. Não tenho que... nada. Estou. Assim, quando fizer, já vai existir vida no entorno e em mim, e atmosfera propícia para a criação. Ao escutar o espaço, a atmosfera se apresenta. Ao escutar sua interioridade, o latente deseja... deseja adquirir contorno, ser forma.

Porque não podemos nos esquecer: nós somos afetados pelo que acontece externa e internamente. Existe uma escuta interior também. Você deve criar canais para ser assaltado por você mesmo, pelo que não está no seu consciente comezinho, deixando o inconsciente falar. Os ouvidos são nosso canal de conexão entre as profundezas do íntimo e a vastidão do mundo. Que eles se mantenham desobstruídos!

UMA QUESTÃO DE ÊNFASE

Se a nova física já nos provou há algum tempo que "o universo pode ser concebido como uma teia dinâmica de eventos inter-relacionados",[4] o Campo de Visão no mundo das Artes Cênicas é um procedimento técnico e estético que corrobora esse argumento e reconhece sua validade. Ainda nos anos 1990, quando propunha aquecimentos criativos com o Campo de Visão, intuí que enfocar a qualidade de movimentos circulares e retilíneos seria uma boa porta de entrada para desenvolvê-lo. Inaugurou-se ali um exercício de compreensão da importância das dualidades tão caras ao Campo de Visão e que foi ganhando forma ao longo dos anos nas criações e nos cursos introdutórios que passei a ministrar no início dos anos 2000 e depois rotineiramente no Espaço Elevador. Nesses cursos, hoje já claramente estruturados, essa etapa acontece geralmente no terceiro encontro. Os participantes, então, desenvolvem, durante certo tempo, primeiro movimentos retilíneos e depois movimentos circulares.

---

[4] Capra, 1983, p. 214.

CAMPO DE VISÃO: UM EXERCÍCIO DE ALTERIDADE

Muito poderia discorrer a respeito dessas qualidades de movimento e o que geram e causam nos envolvidos, mas aqui me deterei a dizer apenas que o que interessa ao Campo de Visão não é a setorização para melhor entender certa coisa. Nele, nada está separado de nada, porém, como já mencionado, entre tudo há distâncias. Ou seja, nele percebe-se que o aspecto retilíneo contém a circularidade, bem como a circularidade contém o retilíneo, e assim em toda e qualquer dualidade que possamos imaginar. O claro e o escuro, o fundo e o raso, o perto e o longe, o curto e o longo, o rápido e o lento etc. etc. etc. O que o Campo de Visão nos ensina é que nas dualidades podemos *enfatizar* tal e tal aspecto do movimento, tal e tal qualidade do imaginário. Tudo é uma questão de ênfase e não de separação. O que seria do fundo sem o raso? O que seria da alegria sem a tristeza?

O mundo industrial e mecânico superdesenvolvido nos últimos 200 anos de nossa história ocidental nos ensinou que é preciso separar cada parte para bem entendê-la, e assim, parece-me, surgiu o mundo das especializações com seus especialistas. Tanto desmembramento acabou gerando uma desconexão com o todo, com o corpo todo, com o senso de coletividade, com a natureza. Sabe-se muito, cada vez mais sobre as partes isoladas e cada vez menos sobre o todo. Mesmo que nos últimos anos – e quando digo "últimos" digo esses aqui bem próximos de nós, no máximo dez anos – note-se uma ampliação dessa percepção e de algumas ações em outras direções, é preciso haver ainda muito trabalho sobre o tema para que uma verdadeira mudança de paradigma aconteça. E, de certo modo, creio que o Campo de Visão contribui a esse processo. Brincando com os termos, o Campo de Visão, como já disse, é antes um generalista; ele nos estimula sempre a pensar no todo, a pensar que fazemos parte de algo e que todos e cada um juntos, com nossas especificidades e características, formamos o todo. E durante um processo de criação cênica o que fazemos é *enfatizar* um aspecto sem desconectá-lo do todo, *enfatizar* uma qualidade expressiva sem separá-la das demais. Uma *questão de ênfase* simplesmente.

Geralmente, nesses cursos, utilizo-me de algumas imagens simples, metáforas singelas para estimular a compreensão através da imaginação: uma gota do mar contém todo o mar; o que seria da Lua sem o Sol e da Terra sem ambos? E que, por exemplo, podemos enfatizar aspectos lunares em uma circunstância solar sem que a solaridade deixe de existir; e naquele personagem lunar enfatizar os seus aspectos solares sem que a Lua o deixe de reger... Em nós há de tudo, todas as dualidades! As diferentes ênfases é que nos diferenciam.

E se, de fato, começamos a perceber que tudo é uma questão de ênfase, e que além disso as coisas todas estão interligadas e se interpenetram, é retirada de nosso vocabulário a palavra "ou". Em seu lugar trabalhamos sempre a palavra "e". Há sempre o claro e o escuro, o dentro e o fora, o sim e o não, e não necessariamente uma coisa ou outra. Por exemplo, manifesto em certa circunstância somente alegria e me desvinculo absolutamente da ideia ou da sensação de tristeza... Isso me parece menos interessante. O que faço é enfatizar uma alegria imensa principalmente porque sei que a tristeza é também sua constituinte e vice-versa. A noção de que tudo é uma questão de ênfase nasceu da percepção de que todas as coisas existem por contraste. Ou seja, o que seria da vida sem a morte, do dia sem a noite, do verão sem o inverno etc.? Reconhecemos as coisas, suas características, damos a elas valor e importância porque elas trazem em si seu oposto, seu contraste. O que seria da figura sem o fundo nas telas dos pintores? O que seria da escuridão sem a luz? O que seria do herói sem o vilão? Sem contar que essa sutil operação colabora e muito à quebra de possíveis maniqueísmos e estereotipias.

Claro que aqui, para clarear o raciocínio, radicalizo os contrastes. Mas sabemos que na natureza existem tanto as diferenças radicais quanto as sutis. Entre o inverno e o verão há o outono e a primavera, e cada dia da primavera que se aproxima do verão nos oferece uma gradação rica e delicada de entendimento da primavera como um todo; bem como cada folha de árvore que no outono cai identifica-o, sim, mas também nos conduz inexoravelmente ao inverno. No outono há inverno! Reconhecemos o outono como um todo e também reconhecemos sutis matizes invernais nesse outono, a cada dia se invernando. O outono é repleto de pequeninos invernos. O inverno é composto de sutis outonos. Tons de amarelo se transfigurando aos poucos em marrom. A secura desfolhada dos galhos no inverno a cada dia ganhando a vitalidade verdejante das folhas primaveris. Há pequeninas primaveras nos invernos! Basta percebê--las, enfatizá-las. Dia após dia, momento após momento, continuamente... e, ainda assim, mesmo na máxima sutileza, as coisas se manifestam por contraste. Por isso a opção pelo "e", por isso a opção pela ideia de "ênfase".

E se transportarmos esse imaginário para o trabalho do ator, certamente perceberemos a importância de trabalhar sob esses aspectos. Eles nos fazem enxergar com maior clareza a complexidade das coisas de maneira simples. Como abordar uma personagem de Bergman, ou um Rei Lear, uma Blanche Dubois, um João Grilo, se não entendermos as ênfases neles colocadas e seus contrastes? E que esse entendimento se dê através de um procedimento simples, eis o melhor dos mundos!

Para que o ator em seu ofício se esmere em dar conta da complexidade humana, seja através dos textos de autores sensacionais, seja através de seu trabalho autoral e performativo, parece-me necessário esse profundo entendimento sobre a conexão, a interpenetração, o contraste e a ênfase que apontam para operações mais sutis de criação; eis o que de fato me impulsiona em meu trabalho diário; e, ao longo dos anos, muito dessas minhas reflexões se deu no trato com o Campo de Visão. A esta altura não sei ao certo se eu o movo nessas direções ou se é ele que me move, tamanha integração entre sujeito e objeto que há entre nós; prefiro acreditar na segunda opção, por ele sou movido; eu sou somente um indivíduo disposto no centro do campo compondo uma paisagem que me engloba.

COMPLEXIDADE

Quando o coletivo está em Campo de Visão a dinâmica é ao mesmo tempo simples e complexa. Como só existem duas regras básicas, não é difícil se inserir no jogo.[5] É simples. Mas, na verdade, sua dinâmica é bastante complexa, pois percebe-se que se trata de um organismo vivo que carrega inúmeras peculiaridades que se auto-organizam. A auto-organização de uma coletividade prevê apuro da sensibilidade e da percepção, bem como o trato com as incertezas. O Campo de Visão é um sistema aberto que promove diálogo entre equilíbrio e desequilíbrio; na verdade, ele é aberto porque sabe que é no desequilíbrio que tudo se desenvolve. E há nele desequilíbrio *a priori*, porque se trata de um sistema vivo, improvisacional, com corpos vivos, com indivíduos que processam e desejam as coisas de maneira própria. E para que esse coletivo

---

[5] Regras básicas: 1) você só se movimenta quando algum movimento estiver em seu campo de visão; 2) assim que perceber o movimento, você precisa se colocar no mesmo sentido, na mesma direção daquele que está gerando o movimento.

de individualidades processe uma auto-organização, fatores de toda e qualquer ordem, objetiva e/ou subjetiva, são colocados na mesa. E quanto maior for o número de fatores em jogo, maior será a complexidade do sistema. Mas o que é complexidade? Entre as mais variadas definições desse conceito, aqui me apoiarei na de Edgar Morin, que se coaduna muito bem com o que de fato acontece com o Campo de Visão:

> A um primeiro olhar, a complexidade é um tecido (*complexus*: o que é tecido junto) de constituintes heterogêneas inseparavelmente associadas: ela coloca o paradoxo do uno e do múltiplo. Num segundo momento, a complexidade é efetivamente o tecido de acontecimentos, ações, interações, retroações, determinações, acasos, que constituem nosso mundo fenomênico. Mas então a complexidade se apresenta com os traços inquietantes do emaranhado, do inextricável, da desordem, da ambiguidade, da incerteza...[6]

Essa pequena definição é valiosa! Nela, a imagem do Campo de Visão se esclarece. Sim, ele é um sistema complexo, um tecido que é tecido junto, com heterogeneidades associadas, que promove o paradoxo do uno e do múltiplo, além de ser efetivamente um acontecimento inquietante porque sempre incerto. E para cada indivíduo ali inserido lidar com ações, retroações, determinações e acasos que formam um emaranhado único composto de diferenças, é verdadeiramente muito complexo. Exige um apuro de pensamento. Sensibiliza o corpo em relação de alteridade e por aí possibilita um novo pensar. Na verdade, costumo dizer que o exercício de Campo de Visão promove uma mudança de paradigma, em que não mais razões meramente deterministas determinam os fatos e as coisas. Esse tipo de processamento, embora real e válido, é pequeno e limitado. E pior, em sua estreiteza pode mutilar sensibilidades outras, percepções outras que não se encaixam em suas prerrogativas. Muita barbárie aconteceu e continua existindo em nosso mundo devido a um pensar apequenado e, por soberba, desconectado das dinâmicas naturais que são essencialmente complexas. O Campo de Visão é um sistema complexo que contribui à nossa qualidade de pensamento, que nos ajuda a processar um outro tipo de pensar, esse também complexo.

---

[6] Morin, 2007, p. 13.

Esse talvez seja o maior objetivo de estar neste momento escrevendo este texto. Em todos esses anos de pesquisa continuada, fui impulsionado primeiro por uma intuição de que tal complexidade ali acontecia, e depois, e cada dia mais, pela convicção de que, ao trabalhar com o Campo de Visão, oferecia a mim e a todos uma oportunidade de melhor pensar para melhor agir e melhor viver. Simples. Sem nenhum tipo de proselitismo, ingenuidade ou falsa modéstia. As pessoas – atores, bailarinos, *performers* com maior ou menor experiência nas Artes Cênicas –, em seus depoimentos durante e após os cursos, denotam seu poder transformador, afirmando que se sentem plenas, conectadas, fortalecidas; que escapam das armadilhas do cotidiano em que seus pequenos desejos pessoais mandam e desmandam; que encontram na relação com o outro uma potência realmente transformadora, que, enfim, ampliam seus pontos de vista e percebem-se em um campo de visão. E tal percepção é um passo em direção a um novo pensar. Um pensar que lida com contradições em sua base, que prevê olhares multifocais, ambiências *polivox*, ouvidos abertos a todos os tons e timbres, pele porosa em afetos, boca para todos os sabores e raciocínio sensível vinculado à intuição e aos mistérios.

Avancemos, assim, com a complexidade. Como já disse, quando em Campo de Visão, o coletivo é um organismo vivo que se auto-organiza. Cada indivíduo contribui ao todo. Depois de certo tempo, percebe-se que cada indivíduo contém o todo e vice-versa. Por ser um organismo vivo, o todo é confiável. Se um indivíduo (uma de suas partes) falha por qualquer motivo que seja, o organismo se auto-organiza e segue sua jornada. Ele não morre. E mais, ele oferece àquela parte (o indivíduo) renovada possibilidade de continuidade. Essa, a beleza de sua auto-organização no livre improvisar. Ao contrário de um organismo mecânico, como um motor, por exemplo, em que se uma peça quebra o motor todo deixa de funcionar. Ou seja, nesse caso, a parte é mais forte que o todo e assim ambos deixam de funcionar e morrem, perdem o sentido de ser.

Além disso, o Campo de Visão é um organismo vivo que está aberto ao ambiente, ao seu entorno. O que complexifica ainda mais seu acontecimento. As coisas externas a ele o transformam. E ele transforma seu entorno. Por ser um organismo vivo, sua capacidade perceptiva é afinada, sua ação sobre o espaço, vigorosa; seu deslocamento deixa rastros e memórias tanto a quem vê quanto a quem faz. E histórias começam a ser tecidas. E o mais incrível:

pode ser que o coletivo descreva uma história e cada indivíduo descreva a sua própria, simultaneamente, sem que se perca a noção de pertencimento. Ou seja, histórias diferentes coexistindo em um mesmo acontecimento, em uma mesma evolução coral. Sem que se perca a unidade, sem que se percam os contornos, sem que se perca a identidade daquele coletivo, ou melhor, fortalecendo a identidade daquele coletivo. Porque a verdadeira identidade não tende ao que é unidimensional, mas, sim, sabe-se multidimensional.

Solidariedade

Mas esse sistema complexo vinculado às contradições e aos paradoxos somente sobrevive porque nele há algo essencial: a solidariedade. As partes são solidárias para que o todo se mantenha saudável. Em Campo de Visão cada integrante reconhece a necessidade do outro. O outro o define, o ajuda, o mantém vivo e criativo. Por certo tempo, por muito tempo, não importa. Enquanto dura aquela evolução coral, cada um se sente vinculado solidariamente ao outro. Quanto maior for a complexidade, podemos dizer que maior será a solidariedade daquele sistema. Sem um entendimento dessa relação, o Campo de Visão não se estabelece, ele se enfraquece e se torna apenas mais um exercício interessante para o ator.

Porque sua razão de ser vai para além das instrumentalizações. Ele nos desafia a nos sensibilizar e entender as conexões entre as coisas. Entre um e outro, entre o ator e o objeto, o objeto e a música, a música e o espaço, o espaço e o público, e assim por diante, em um processo solidário e ininterrupto.

Afirmo isso porque comumente uma coisa complexa é tida como complicada. De fato, existe alguma relação entre ambas. Mas, na verdade, as complicações, tidas comumente como algo negativo, são uma pequena parte da potência da complexidade. Elas dela fazem parte, mas não a definem. A complexidade é exigente, mas não necessariamente somente complicada. Aliás, muitas vezes em Campo de Visão os atores afirmam que de repente tudo faz sentido, tudo flui livremente, sem complicações, e que, na verdade, parece até simples... Momento de profunda integração e sensibilidade aflorada. Posso mesmo afirmar que essa integração que oferece a sensação de simplicidade é a solidariedade operando em máxima potência sem ser extasiante ou enfadonha, muito menos piegas. Uma solidariedade profunda é capaz de potencializar sistemas complexos que, por sua vez, precisarão de novos pensares para estruturar o conhecimento adquirido na experiência.

É disso que se trata. Essa é, de fato, a busca e a maior contribuição que consigo entrever com esse trabalho. Novos pensares para novos conhecimentos advindos da experiência. E aqui ela acontece no território da arte. No fazer teatral, no corpo dos atores. Mas de uma arte que se entende atavicamente atrelada às ciências e à filosofia. Muito do que estou escrevendo aqui é reflexo e refletido na nova física, na biologia, na geografia humana, na antropologia, na psicologia e na filosofia. Certa corrente filosófica do século XVII fez muito mal ao separar a ciência das artes e ambas da filosofia. Isso nos vem custando muito caro. E já é tão evidente: qualquer segregação é perniciosa. É redutora. Despotencializa a natureza naturante. Separar para entender, separar para domesticar, separar para dominar... Esse tipo de comportamento advindo de tal paradigma, nos últimos quatro séculos, só nos trouxe sistemas fechados e exploratórios. Tornou-nos superiores e solitários. Infundiu-nos soberba e anseios por conquista.

Mas também hoje é possível notar que algo vem sendo operado nos liames do cotidiano, nos vãos dos conglomerados financeiros, nas frestas do mundo corporativo, nos palcos, nas ruas e nas artes... Sentimos que é necessário um novo pensar para novos fazeres. Um pensar complexo para fazeres solidários!

> Ubuntu rejeita a ideia de que um ser humano pode se fazer inteiramente porque nenhuma pessoa existe isolada de seu ambiente. Lembre-se: "Eu sou porque você é". E não só isso; o ubuntu vai além e destaca o incrível poder do qual nos beneficiamos se decidirmos trabalhar em equipe.[7]

Com o passar dos anos comecei a estabelecer conexão intuitiva com outros saberes, somente *a posteriori* conhecidos mais de perto. Se isso já havia acontecido com o conceito de complexidade de Morin, também se deu com a filosofia ubuntu. Com grata surpresa entrei em contato com tal pensamento

---

[7] Ngomane & Tutu, 2020, p. 167. No original: "El ubuntu rechaza la idea de que un ser humano pueda hacerse enteramente a sí mismo porque ninguna persona existe aislada de su entorno. Recuerda: 'yo soy porque tú eres'. Y no solo eso; el ubuntu va más allá y resalta el increíble poder del que nos beneficiamos si decidimos trabajar en equipo".

inserido na vida cotidiana de algumas etnias africanas e descobri profunda consonância com os aspectos de fundo do Campo de Visão. A ideia de colaboração, o sentido de solidariedade, o trabalho em equipe, o fazer junto remontam às bases primeiras do teatro e certamente encontram hoje no Campo de Visão um local de realização.

O Campo de Visão, por seu modo de ser aberto e coletivo, carrega em seu bojo aspectos que transcendem a prática artística. Ele nos aponta e nos oferece um caminho para compreendermos processos de ação que encontram na vida em sociedade sua razão de ser. Promove um olhar sensível à prática social. Instiga-nos à colaboração, para ela nos sensibiliza a partir da relação que o jogo não apenas promove, mas da qual se mostra dependente. Para jogar o Campo de Visão, depende-se da colaboração sensível e do exercício contínuo de alteridade. O ubuntu nos diz que um indivíduo não é nada sem os outros seres humanos; "e isso inclui todos nós, independentemente de raça, religião ou cor. Aceite nossas diferenças e celebre-as".[8] A mesma celebração percebe-se no Campo de Visão. "Sawubona!" – Te vejo! –, saudação típica sul-africana.

> Há muito tempo, quando eu era jovem, se um viajante que estivesse atravessando o país parasse em uma cidade, ele não precisava pedir comida ou água. Assim que ele parasse, as pessoas as ofereceriam e conversariam com ele. Esta é uma das facetas do ubuntu, mas não é a única. Ubuntu não significa que devemos deixar de lado nosso próprio bem-estar. A pergunta é: o que você pode fazer para apoiar sua comunidade e assim ajudá-la a melhorar? Estas são as coisas que realmente importam. Se o conseguir, terá conseguido algo muito importante. (Nelson Mandela)[9]

Ubuntu e Campo de Visão. Quanto a isso, nada a acrescentar.

---

[8] *Idem, ibidem.* No original: "y esto nos incluye a todos, sin tener en cuenta raza, religión ni color. Acepta nuestras diferencias y las celebra".

[9] *Idem*, p. 196. No original: "Hace tiempo, cuando yo era joven, si un viajero que estaba atravesando el país se detenía en un pueblo, no tenía que pedir comida ni agua. En cuanto paraba, la gente se la ofrecía y le daba conversación. Esta es una de las facetas del ubuntu, pero no es la única. El ubuntu no significa que hemos de dejar de lado nuestro propio bienestar. La cuestión es: ¿qué puedes hacer tú para apoyar a tu comunidad y ayudarla así a mejorar? Estas son las cosas que de verdad importan. Si eres capaz de hacerlo, habrás conseguido algo muy importante".

O curso

Antes de dar sequência a essas reflexões advindas da prática do Campo de Visão, apresentarei de modo esquemático o curso Campo de Visão que é geralmente oferecido duas vezes por ano no Espaço Elevador, na disciplina laboratório de interpretação no Departamento de Artes Cênicas da Unicamp e diversas vezes em festivais e mostras de teatro nacionais e internacionais, unidades do Sesc, do Sesi, em grupos de teatro que me convidam para desenvolvê-lo em seus espaços como apoio ao projeto criativo que estejam realizando e/ou como instrumentalização técnica para seus atores.

Esse curso começou a ser elaborado por mim ainda nos anos 1990 quando trabalhava como professor em duas escolas técnicas: o Teatro Escola Célia Helena e o Macunaíma Escola de Teatro. As duas escolas me ofereceram espaço para aplicar o Campo de Visão de maneira mais específica. Antes só o utilizava como aquecimento para as minhas aulas. Assim, ainda de maneira incipiente e sem uma metodologia muito elaborada, comecei a processar uma sequência de conduções visando que o participante pudesse experimentar plenamente o Campo de Visão.

Nunca mais deixei de desenvolver esse curso ao longo dos anos e aos poucos fui chegando a um formato que hoje oferece ao participante uma gama variada de entradas em seu universo. Posso dizer que o curso se mostra como uma viagem de trem sem destino certo. Um trem das estrelas, um trem cósmico! Porém, há nele estações muito sólidas e concretas que orientam o viajante e organizam seus desejos. Nele há tempo para decantar as experiências e espaço para desenvolvê-las. Ou seja, com o passar dos anos, ao organizar e reorganizar o curso inúmeras vezes e de maneiras diferentes, o Campo de Visão me ensinou que o que deveria regê-lo era o conceito de duração. Entre uma estação e outra da viagem o que interessa é a duração das coisas. O objetivo não é somente chegar à próxima estação como se a anterior fosse um pré--requisito para a próxima. Não, o Campo de Visão não é linear, nele não está prevista uma evolução amparada em causa e efeito, ele não é retilíneo, está mais para o quântico do que para o mecânico. Como é essencialmente criativo, sua absorção pode ser dada aos saltos. A criatividade ali opera em regiões fora do espaço-tempo convencional.

Foi por esses princípios que o conceito de duração foi se mostrando a mim através do Campo de Visão – o qual se aproxima da visão de Bergson, que entendia a duração como o tempo real, fluido e contínuo, perceptível apenas pela intuição. Ou seja, não mensurável, não voltado às cronologias; não há diferença entre tempo e espaço, ou melhor, tempo é espaço e espaço é tempo. Com o trem em movimento entre uma estação e outra do curso, as coisas duram o que duram. O objetivo não é chegar à outra estação, mas vivenciar plenamente o percurso entre elas. A próxima estação não é uma conquista. É apenas um novo modo de ver a mesma coisa: o Campo de Visão. Ver a mesma coisa por outro ângulo.

Contudo, não podemos nos iludir. Vivemos em um mundo convencionado. E o tique-taque do relógio é imperador. E não há nenhum problema *a priori* em relação a isso. Ele nos dá objetivo. Em sua clareza e exatidão, ele nos organiza. Até nos acalma. Hora disso, hora daquilo. Prazo para isso e aquilo. Compromissos marcados. Agendas anuais. Ciclos de formação a cada quatro anos! A cada quatro anos a Copa do Mundo e as Olimpíadas, eventos que também servem como marcadores. E um curso em Campo de Visão não poderia simplesmente abolir o relógio e se deixar levar pelo infinito! As pessoas vivem neste mundo! Têm seus afazeres, seus compromissos, seus prazos, seus afetos etc.

O que o Campo de Visão acaba promovendo é uma interação entre o tempo fluídico da duração e o tempo mecânico do relógio. Ambas as potências temporais em diálogo intensificam o trabalho do ator. Perceber-se em devaneio no espaço-tempo ao mesmo tempo que coordena e conduz suas ações. Contemplação e ação. Descobrir a contemplação na mecanicidade e a ação objetiva no devaneio. E vice-versa, e versa-vice, e vice-versa...

Paradoxos. O Campo de Visão nos ensina a viver com os paradoxos. Ele nos apresenta a eles concretamente, diariamente. Não é possível fechar os olhos para não ver. Ele tensiona a corda da dualidade. Coloca-nos objetivamente entre forças primeiramente antagônicas, mas, ao fim e ao cabo, integradas. Ele nos faz ver as coexistências...

O curso, hoje, se organiza da seguinte forma: 4 estações com 4 encontros cada, totalizando 16 encontros e 48 horas.

Estação 1
Percepção e movimento

4 encontros de 3 horas de duração cada.

Encontro 1 – Apresentação do Campo de Visão, sua origem, suas regras. Prática do jogo. Livre.

Encontro 2 – O Campo de Visão e a percepção auditiva.

Encontro 3 – O Campo de Visão e os movimentos: retilíneos e circulares. As articulações.

Encontro 4 – O Campo de Visão e a percepção espacial.

Estação 2
Tema

4 encontros de 3 horas de duração cada.

Encontro 1 – Um tema escolhido pelo condutor rege todo o encontro.

Encontro 2 – Primeira parte: tema concreto. Segunda parte: tema abstrato.

Encontro 3 – Repete-se a estrutura do encontro anterior, porém se enfatiza a coexistência dos contrários. Ex.: tema subterrâneo. Enfatiza-se a ideia de que o subterrâneo mais se dará se levar em conta a ideia de superfície.

Encontro 4 – Repete-se a estrutura entre temas concretos e abstratos com ênfase na construção espacial pelo coletivo.

Estação 3
Objetos

4 encontros de 3 horas de duração cada.

Encontro 1 – Aproximação do objeto. Primeiro como objeto imaginário e depois utilizando-o em sua concretude.

Encontro 2 – Exercitar a diferença entre as diversas qualidades de um objeto: suas características físicas, sua utilidade e sua força simbólica.

Encontro 3 – Repete-se a estrutura do encontro anterior promovendo troca de objetos entre os participantes. Novas realidades aparecem imediatamente.

Encontro 4 – Repete-se a estrutura enfatizando o entendimento da alteridade que o exercício sobre os objetos deflagra.

<u>Estação 4</u>
Texto

4 encontros de 3 horas de duração cada.

Encontro 1 – Cada participante diz o texto que escolheu no ouvido de outro participante, que escuta de olhos fechados. Prática em Campo de Visão daqueles imaginários.

Encontro 2 – Cada participante experimenta em Campo de Visão aspectos fonéticos, morfológicos, sintáticos e semânticos de seu texto.

Encontro 3 – Somente o líder do Campo de Visão diz o texto enquanto conduz os movimentos. Ações corais, falas de coreutas.

Encontro 4 – Um lidera os movimentos do Campo de Visão e um outro diz o texto. Falas coletivas.

Essa é a estrutura central das ações que o curso oferece. É claro que muitas coisas acontecem em meio a esses passos. Há variações. Existe uma série de estímulos gerados pelo condutor que impulsionam esse ou aquele aspecto. O condutor no Campo de Visão não é apenas um olhar de fora que comanda o jogo visando a resultados esperados. Ele é um participante tanto quanto os demais, tem que se colocar de maneira sensível e permeável ao acaso e às incertezas, sem perder o prumo da jornada.[10] Cada coletivo vai apresentando a ele mesmo e ao condutor dos trabalhos o que deve ser mais enfatizado. Há momentos em que se fica mais tempo em uma coisa, outros em que uma nova etapa tem que ser antecipada. O processo é dinâmico, como não poderia deixar de ser; o contrário trairia os pressupostos do Campo de Visão, mas passamos sempre pelas quatro estações.

É importante salientar que cada encontro se divide em três partes: a primeira, essencialmente prática, com 1:15h de duração; a segunda, em que são analisados os acontecimentos da primeira parte, com 45 min; e a terceira, prática novamente, com 1 hora de duração.

Com o passar dos anos, verifiquei que a conversa no meio do encontro é essencial, pois esclarece possíveis dúvidas de encaminhamento, fomenta descobertas, ilumina o que foi conquistado e aponta para novas possibilidades que serão experimentadas imediatamente na terceira parte do encontro. Digo

---

[10] Sobre a figura do condutor, ver Lazzaratto, 2011.

isso porque, como a prática é muito intensa, ao final da primeira parte, os corpos e os imaginários estão muito aquecidos e, por vezes, depois de sentar para conversar, retomar a prática não é fácil. Os corpos extenuados clamam por descanso. Porém, a retomada, mesmo necessitando de uma nova atitude e algum aquecimento, mostrou-se mais enriquecedora do que realizar o encontro com duas partes, a primeira prática, com 2 horas de duração, seguida de uma conversa final mais longa, com 1 hora mais ou menos, versão realizada em alguns períodos ao longo dos anos.

Como objetivos específicos o curso visa oferecer aos participantes:

- potencialização do "jogo" teatral;
- ampliação da percepção do "outro";
- ampliação da noção espacial;
- ampliação do repertório gestual;
- ampliação do repertório imagético;
- estímulo à "escolha" criativa;
- exercício de alteridade;
- relação entre movimento e ritmo;
- relação entre movimento e objeto;
- relação entre movimento e palavra;
- relação entre coro e protagonista;
- reflexão entre indivíduo e coletividade;
- reflexão entre a metonímia e a metáfora no que diz respeito ao trabalho do ator.

Antes e sempre: criação

A busca através do Campo de Visão deve ser entendida e processada sempre como um ato criativo. Costumo dizer que o trabalho com ele não é um treinamento. Não se exercita algo para depois chegar a algum lugar. Não se trata de uma metodologia que visa a determinado fim. Nada ali é equacionado para depois ser recuperado. O que há é um acúmulo de experiências que novamente serão processadas diferentemente na próxima vez que forem trabalhadas. Parece-me que sua maior potência é alcançada quando os participantes se colocam integralmente na experiência, sentem-se plenos no acontecimento que está se processando naquele momento. O que se guarda, o que se retém, na verdade, são memórias, sensações impregnadas no corpo que depois são acessadas livremente pelos participantes quando entrarem mais uma vez em Campo de Visão.

E isso se dá simplesmente por causa de sua característica essencial: é uma ação improvisacional e coletiva. Nenhum método daria conta das mais variadas e sutis percepções e entendimentos que cada indivíduo que participa da ação improvisada processa. Ele visa, sim, a um fluxo dinâmico e assim tem que ser tratado diariamente. E, para o ator, isso é um enorme desafio. Lidar com as possibilidades a cada momento, saber que qualquer escolha feita pelo indivíduo ou percebida pelo coletivo pode levar a inúmeros caminhos, sem saber ao certo qual o melhor, ou mais, sem saber o que fará com esse devir quando este se apresentar a ele. E digo isso porque só se trabalha com o Campo de Visão em criação. Mesmo quando em um curso para pessoas que nunca o vivenciaram, essa é uma premissa indispensável. Ali sempre há criação. A ideia de treinamento me parece limitada para operações criativas. Ela se vincula à ideia de que o ator primeiro se prepara, prepara seu corpo, sua mente, seu espírito, para depois estar disponível à criação. No Campo de Visão não há antes nem depois. Tudo é no durante. E dura o tempo de sua duração. Ele é dado aos gerúndios. Tudo está acontecendo, aqui e agora, indo, indo, indo. Em relação à ideia de treinamento e criação, geralmente brinco com a imagem do jogador de futebol que somente gosta de treinos com a bola, pois ali ele de fato brinca, ele joga, ele usa sua criatividade. A bola é seu elemento criativo. Para o ator, a bola é a imaginação.

Nenhuma novidade nisso. É certo que no terreno das Artes Cênicas e mais especificamente no teatro a maior aliada da criação é a imaginação. Mas o que quero dizer é que o Campo de Visão só se potencializa com e através dela. Não há campo de visão sem imaginação. Não se pratica, não se joga o Campo de Visão sem criar vínculos com a imaginação. Quando o ator dela se desvincula, ele se despotencializa, porque aqui estamos em um processo de criação coletiva e cada participante é, antes de qualquer coisa e acima de tudo, um criador.

Por assim ser, o Campo de Visão acaba constituindo um ótimo local para que o ator estimule a imaginação, o que me parece indispensável para atores que vivem em uma sociedade tecnicista. Desde o Ponto Zero, lugar e posição que dão início aos trabalhos, os atores já devem acionar seus imaginários buscando toda e qualquer associação com as coisas que, naquele momento, o estão afetando: seja a música colocada pelo condutor, seja o espaço, a temperatura do ambiente, os companheiros à sua volta, uma lembrança vívida que se manifesta naquele momento, o que for... A imaginação já deve estar trabalhando. E ela se reforçará e conduzirá o ator por paragens inimagináveis por ele *a priori* à medida que se colocar aberto à alteridade.

Nesse momento chega-se ao lugar de potência do Campo de Visão. Tudo interage e faz sentido. As vontades e projeções de cada indivíduo se coadunam com as outras. O coletivo se harmoniza mantendo sua heterogeneidade. E os atores percebem e vibram com isso. Depois de tantos anos trabalhando com ele, são impressionantes os relatos dos atores quando se sentem assim potencializados. É de fato transformador. O nível de satisfação com o trabalho é altíssimo. Querem mais e mais, não querem deixar de fazer! Mas que fique claro: são momentos de plenitude alcançados depois de muito trabalho e dedicação.

E, na verdade, nem sei ao certo se a que se visa é a esse orgasmo técnico-poético. Muitas vezes me parece que isso é apenas a cereja do bolo. A confecção do bolo em si, o uso alquímico dos ingredientes, a temperatura certa do forno, tudo é muito mais saboroso porque o trabalho desconstrói falsas verdades, derruba paradigmas, gera desequilíbrio desestabilizando o indivíduo.

Porque o Campo de Visão pode ser perigoso, e é muito bom que assim seja. E, exatamente por ser desestabilizador, é necessário que o ator seja rigoroso no trabalho. Por ser improvisacional, ele exige grande apuro, seja técnico ou imagético, por parte dos atores. Mas que fique claro: nele o rigor não é um aprisionamento. Pelo contrário, ele também é libertário. Há grande liberdade no Campo de Visão. Eis um novo paradoxo: por exigir muito rigor, ele estimula a liberdade. Ele é rigoroso e libertário ao mesmo tempo. Porque quando os atores estão em Campo de Visão, ou seja, seguindo todo e qualquer movimento que está em seu campo de visão, regra essencial do trabalho, o que vemos é um coro que se movimenta livremente pelo espaço, contendo indivíduos que, embora juntos, podem estar processando interiormente caminhos diferentes. Os indivíduos escolhem suas intenções, se estão nesse ou naquele imaginário no momento da ação coral. Essa escolha é livre. Assim, o que vemos não é um coro estigmatizado, padronizado, estandardizado. No

Campo de Visão não há uma coreografia prévia, ele não visa a uma perfeição formal absoluta, pois a ação coral nasce exatamente da percepção fugidia do momento. E isso gesta uma ação *a priori* regida pela imprecisão, e é aí que entra o rigor. Ele surge como um meio que os indivíduos componentes do coro usam para melhor organizar e qualificar aquele movimento, aquele estado, aquela intenção, visando a uma ação coletiva mais precisa. O diálogo entre imprecisão e precisão é uma tônica no Campo de Visão. Quando isso acontece, começa a haver verdadeiramente uma integração entre todos, sem que isso seja resultado de uma simples imitação ou da existência de uma coreografia bem ensaiada, pois essas coisas gerariam homogeneidade, e o que há – e interessa – no Campo de Visão é uma heterogeneidade integrada, o que é bem mais interessante.

Mas fica a pergunta: como ser preciso sabendo que a imprecisão é constituinte? Como ser rigoroso, sendo libertário? O Campo de Visão o convida a trafegar por aí. É um lugar difícil de trafegar, perigoso e estimulante, mas muito bonito.

Para exemplificar: algo que desestabiliza os atores já em um primeiro momento no Campo de Visão é a sua primeira regra: você só se movimenta quando algum movimento entrar no seu campo de visão; aliada à segunda: assim que perceber o movimento, você deve se colocar no mesmo sentido (direção) que o criador (líder) do movimento está.

Ao seguir essas duas únicas regrinhas básicas, o ator percebe que no Campo de Visão não há contracenação. Não há olho no olho. Algo que pode parecer simples, na verdade, não é. Vai de encontro a séculos de processamentos realizados nas mais diversas manifestações teatrais em que a contracenação é a tônica, é o paradigma. Mexer com ela desestabiliza vetores de entendimento arraigados. A contracenação talvez seja o elemento mais trabalhado nas mais diversas linguagens cênicas. Em todo teatro trágico, dramático e cômico, as dramaturgias e ações cênicas se utilizam da contracenação porque, de certa forma, em maior ou menor escala, isso reforça o aspecto dialógico dos textos teatrais. Se há diálogo, há contracenação. E é claro que, quando estou conduzindo o Campo de Visão, eu a valorizo, a contextualizo, dou a ela a sua devida importância, mas deixo claro que no Campo de Visão a relação se dá de maneira indireta.

Diálogos outros

No que diz respeito ao trabalho de relação com o(s) outro(s), o Campo de Visão estabelece e estimula uma relação indireta. Exercita-se uma percepção fina indireta. Não há contracenação como comumente se entende, mas há diálogo, um novo jeito de dialogar, sim, mas ainda um diálogo: o Campo de Visão é sempre você e o outro. Entendendo o outro como o companheiro de cena, o espaço, o público, a música e tudo que o cerca.

Este termo, "percepção fina", é o objetivo e fim do trabalho em Campo de Visão. Ao eliminar a possibilidade da relação direta, olho no olho, ele estimula e exige dos participantes outras (novas?) maneiras de percepção. Ele faz com que a escuta, a percepção tátil e olfativa sejam ativadas com mais intensidade, porque o corpo e o cérebro de certa forma necessitam de mais informações para melhor entender, se posicionar e escolher o próximo gesto criativo, uma vez que aquilo que ele esperava não vem. Dessa forma, outras sinapses que não aquelas comumente feitas numa relação direta passam a acontecer. E isso é surpreendente. O ator passa a operar com outros dados, outras informações, devendo criar maneiras diferenciadas de agir, estabelecer novos constructos para dados novos. E, sabemos, novas sinapses podem ser um ótimo caminho para a ampliação de criatividade, repertório e capacidade de metaforizar.

Ao estimular uma relação indireta, novos caminhos são processados. E assim, outras experiências podem surgir. O ator passa a dizer:

> Eu estou, sim, sempre com você, mas não daquela maneira esperada. Estamos juntos, sim, mas por outros caminhos: lado a lado, à frente e atrás, próximos ou distantes, mas sempre juntos, conectados, em interação. Estabelecemos um novo tipo de relação dialógica, que serve tanto para estruturas dramáticas quanto para épicas e performáticas. Eu te sinto sem precisar olhar nos olhos. Eu te entendo através/com do/meu corpo todo.

O Campo de Visão, por ter sido concebido e por estar em franco desenvolvimento na atualidade e por ter em sua gênese um aspecto estrutural, talvez, anterior ao dos coros gregos em que a narrativa era "acontecida" em coro, "experienciada" em coro, no meu modo de ver, é um belo e potente meio de ligação entre as linguagens primevas e a contemporaneidade performativa em que o indivíduo em si e através de si pulsa, vibra e expressa mazelas humanas quando conectado simultaneamente às necessidades e mazelas coletivas. A *performance*, quando acontece no corpo do *performer* com essa intensidade, é tão potente quanto um coro em ação. Ambos são *polivox*!

Assim, o Campo de Visão me parece ser um ótimo meio para que artistas "individuais" encontrem em si os "outros", entrem em consonância com outras vozes e não caiam na armadilha de acreditar que qualquer gesto seu, genuíno ou não, de fato contagiará os outros. *Grosso modo*, talvez essa seja a crítica que faço a essa tendência de nosso tempo. A ausência de "vozes" na expressão individual. Que o trabalho em si, sobre si não seja para si, e sim que busque o outro em si. E para isso proponho o Campo de Visão como um procedimento.

Digo isso com base em uma experiência real que aconteceu quando comecei a realizar a primeira sistematização do Campo de Visão, concluída em 2003.

Ainda em 2001, a Cia. Elevador de Teatro Panorâmico estreou um espetáculo solo chamado *Loucura*. Esse espetáculo nasceu do desejo do ator Gabriel Miziara de investigar esse tema que muito o afetava naquele momento. Juntos construímos uma dramaturgia com textos de diversos autores, teatrais ou não, filosóficos e poéticos que, em nosso modo de ver, abarcariam um largo espectro a respeito do tema. De Santo Agostinho a Beckett, passando por Shakespeare, Handke, Camus, Pessoa, Brecht e Dostoiévski, nossa dramaturgia apresentava o que seria um dia na vida de um detento, considerado louco, sem nenhum tipo de realismo construído na cena. Na verdade, a peça acontecia em um tablado de dois metros, cercado por barras que, na realidade, eram barras de luz. Uma cela de luz!

Estava, assim, contemplado um espetáculo com forte característica performativa. O que de fato era. *Loucura* naquele início de século foi recebido pela crítica com grande entusiasmo, tanto pela contundência de seu discurso estético quanto pela visceral e conduzida atuação do intérprete, o que deu a ele vida longa (a última apresentação foi em 2017). Um ator em cena performando--se na e através da loucura!

Porém algo fundamental aconteceu no processo de criação desse espetáculo. Ele é um espetáculo performático de uma companhia teatral. Aqui já existe algo potente porque é contraditório. A Companhia, àquela altura, tinha 15 atores em seu elenco. Eu, como diretor artístico e diretor do espetáculo em questão, resolvi que parte do processo aconteceria utilizando o Campo de Visão. Ou seja, o ator Gabriel Miziara faria parte do coletivo que processaria textos, estados, escolhas de gestualidade e ritmo em Campo de Visão. Assim, ele seria influenciado pela sensibilidade de seus companheiros. Seu repertório em relação ao tema que tanto o interessava foi ampliado. Ele agregou ao seu imaginário, que naquele momento tinha grande intensidade, outros tantos imaginários advindos das opções que seus colegas de cena realizavam na dinâmica do Campo de Visão. Ele pôde ouvir outras vozes dizendo o texto. Ele disse o texto através de outras vozes, de outras escolhas poéticas, fossem rítmicas, de acento ou ênfase dessa ou daquela palavra. Ele pôde, em Campo de Visão, experienciar outras gestualidades ao processar o texto; ele pôde conceber aquele "louco" através de muitos. Seu louco eram "muitos loucos". Havia nele, e não apenas na dramaturgia, muitas vozes. Um espetáculo solo que, na verdade, era polifônico – daí, creio, a sua contundência.

Em *Loucura* (2001), o *performer* coletivizou-se. Em *Ifigênia* (2012), o coletivo performou-se.[11] Essa é a base da pesquisa desenvolvida ao longo de tantos anos e que ainda continua com outros e novos desdobramentos. Mais adiante, aqui neste texto, abordarei a criação do espetáculo *Ifigênia*, que, de certo modo, encerrou um ciclo de investigação que se iniciou em *Loucura*, ainda que àquela época de maneira bastante intuitiva. O indivíduo e a sociedade, o *performer* e o coro, eis tudo o que quero trabalhar sempre. Esse pensamento está presente em todos os meus trabalhos, e de certo modo todos eles privilegiam a polifonia. As escolhas poéticas que realizo, seja com a Cia. Elevador, seja em espetáculos em que sou convidado a dirigir, endereçam-se à polifonia advinda do encontro entre individualidade e coletividade. Essa via de mão dupla é todo o meu desejo e meta seja como ator, diretor e professor, e o Campo de Visão certamente é o caminho para que ela continue sempre assim, dupla.

---

[11] Há muitas reflexões e análises a respeito do conceito de *performance*. No universo das artes, esse tipo de fazer artístico surge a partir da segunda metade do século XX, em decorrência de desdobramentos da *pop art* e da arte conceitual nos anos 60 e 70. Aqui me alio ao mais simples e talvez abrangente contido no *Dicionário Oxford*: "espetáculo em que o artista atua com inteira liberdade e por conta própria, interpretando papel ou criações de sua própria autoria".

Jogo de intensidades

Em minha constante investigação sobre o Campo de Visão, pude perceber que o exercício de alteridade só se realiza plenamente quando o ator experimenta em si, mas a partir do outro, um *jogo de intensidades*.

Nele, o jogo de intensidades nada mais é do que a intensificação em si de alguns aspectos do outro, percebidos e imaginados pelo ator. Imagine que você tentará reproduzir em seu corpo um colega seu: o comportamento dele, alguns modos operacionais de movimento que ele recorrentemente utiliza, alguns trejeitos rapidamente identificáveis etc. Ou seja, tudo aquilo que percebemos em sua externalidade diária, em seu processo criativo. Você pode estar pensando que um bom imitador é capaz de fazer isso melhor do que ninguém e que um bom imitador não é necessariamente um ator. E eu não teria como discordar.

O que faz com que um ator seja não um imitador, mas um artista é sua capacidade de se haver com os mistérios. Os mistérios são o que definitivamente dá vida à alma humana. É deles que as motivações do indivíduo surgem e o impulsionam para a ação. Nunca temos absoluta certeza da origem de nossas motivações. Parece que sempre as reconhecemos depois que elas já se manifestaram. Elas são, por assim dizer, o *élan* vital que nos determina. Um ator, jogando o Campo de Visão, quando tenta reproduzir seu companheiro, não se apoia apenas na externalidade daquela expressão. Embora ele possa até reproduzir trejeitos, comportamento, gestualidade recorrente e ritmo exterior, sua arte se dá porque de alguma forma ele encontra em si as latências que motivam aquele seu colega a agir. Há um diálogo dos mistérios. Uma interpenetração de substâncias anímicas. O ator "compreende" em si as motivações do outro e assim passa a "imitá-lo". Mas para sua expressão ser genuína e não somente uma mera representação do colega, nem uma interpretação, não basta apenas perceber em si as motivações do colega, é preciso também intensificar através e no seu próprio corpo aquelas qualidades motivacionais que são o que realmente define as peculiaridades de alguém.

Através do jogo de intensidades, o ator intensifica em si aspectos concernentes ao outro fazendo com que sua expressão seja não uma imitação fiel do colega, mas a manifestação de uma entidade que é o outro na mesma medida em que é ele mesmo. Por exemplo, o ator vê que seu colega inclina o corpo sempre que começa a fazer uma sequência de movimentos. Ele assim fisicaliza em seu corpo essa imagem. Mas a sua inclinação estará repleta de materiais físicos dele mesmo, imaginados por ele mesmo, e não necessariamente será a inclinação que seu colega recorrentemente realiza. O ator assim intensifica em si um aspecto que também é constituinte do seu corpo, mas pouco utilizado, para que seu próprio corpo fisicalize um traço particular do outro. Esse seu gesto ativará seu imaginário fazendo com que outras imagens de seu colega apareçam, e ele as relacionará intensificando seus aspectos em seu corpo, e estes, por sua vez, redimensionarão novamente seu imaginário fazendo com que outras imagens apareçam, e assim por diante, até que vemos, na totalidade de sua expressão, o outro existindo em nossa frente, sem – em nenhum momento – parecer estereotipado, clichê ou uma mera imitação. Não se trata de uma simples imitação do exterior, mas sim de uma manifestação oriunda das latências intensificadas através do e no corpo que as intensifica.

O ator tem a ele mesmo como material. É sempre sobre esse material que ele inventa/cria sua arte. Material que não se encerra apenas em suas vivências pessoais. Nele há mitologias, nele há imagens independentes de sua vontade, nele há ilogicidades, nele há realidade e ficção, nele há galáxias e buracos negros. Transitar por esses territórios é o objetivo do jogo de intensidades. Permitir--se navegar por paragens sutis e intensas. Conectar-se com as motivações. Mergulhar no *riovivoso*!

Trago aqui esse conceito, *riovivoso*, por mim cunhado no doutorado, revisado e recentemente publicado,[12] para dizer que nesse rio o ator está nele e além dele mesmo. Há ali os próprios materiais e os materiais de todos os outros. É como se, na dimensão íntima, ultrapassássemos a fronteira da identidade e chegássemos ao território das possibilidades, do contato com tudo de todos, lugar em que história, memória e arquétipos coexistem em latência. Então, quando digo que "o ator tem a ele mesmo como material", estou dizendo desse "ele" intensificado pelas águas do *riovivoso* e não somente das memórias individuais.

Ao jogo de intensidades proposto pelo Campo de Visão se correlacionam quase que imediatamente as intencionalidades. Na verdade, posso mesmo dizer que muito do trabalho do ator está em saber administrar intensidade e intencionalidade.

---

[12] Lazzaratto, 2022.

No teatro, parece que todo gesto expressivo só o é se provido de intenção. A intenção direciona, materializa e esclarece a ação. É importante que o ator sempre se coloque buscando algo sem se desvincular dos problemas humanos, sejam eles mais concretos ou mais abstratos. Mesmo que seja só um estado. Naquela criação pode haver história, pode não haver. Pode ser um trabalho amparado em uma dramaturgia existente, pode se tratar de um trabalho improvisacional... Mas o que me parece fundamental é que quem está de fora, o espectador, precisa perceber que o ator está em algum "lugar", mesmo que não reconheça esse lugar nem necessariamente que seja um lugar físico... Lugar como espaço de potência, lugar como estado de alma. Precisa perceber que o ator está agindo com alguma motivação visando a alguma coisa para além de si.

Na dança, isso não é necessariamente indispensável. Em algumas manifestações estéticas que compõem a rica e variada dança contemporânea, os movimentos constroem sentidos quando configurados de tal ou tal maneira no espaço. Não há necessariamente uma intenção em tal sequência de movimentos. Os movimentos se bastam! Merce Cunningham, por exemplo, um dos coreógrafos mais importantes da dança contemporânea, discorre sobre a importância de o movimento não conter intencionalidades para além dele mesmo. Suas coreografias são verdadeiros quadros vivos em que os bailarinos descrevem linhas dinâmicas no espaço, gerando nele, a cada evolução, volumes e intensidades fascinantes. Ele nos diz:

> Para mim, o tema da dança é a própria dança. Ela não tem intenção de representar outra coisa, seja ela psicológica, literária ou estética. Tem muito mais a ver com a experiência cotidiana, a vida de todos os dias, com assistir pessoas que se movem pelas ruas.[13]

O movimento... O coreógrafo americano não se importava com expressões faciais dramáticas, muito menos com suas intencionalidades. E há muita beleza nisso: tive grande prazer estético quando pude assistir a um de seus trabalhos no teatro: um sem-fim de movimentos ininterruptos se desenvolvendo com uma desenvoltura dinâmica e rítmica a desenhar e redesenhar incessantemente

---

[13] Cunningham, 2014, p. 137.

o espaço criando volumes espaciais com os corpos dos bailarinos a todo instante...

Mas, ao contrário, talvez uma das peculiaridades da arte teatral seja a necessidade de o gesto expressivo conter uma intenção que o leve para além dele mesmo e transforme a circunstância na qual está inserido tanto em uma dramaturgia clássica e dialógica quanto em ações performativas que rompem com qualquer necessidade de circunstância ficcional. A intenção é constituinte e uma constante no teatro. A maneira como ela será operacionalizada é que é variada.

Seja uma expressão apoiada no cotidiano, seja uma expressão abstrata sem um referencial direto na realidade ou qualquer outra, no teatro ela se direciona a algo motivada por algo. O que seria das intenções sem as motivações? E o que seria das motivações sem a intensidade? A intensidade qualifica a motivação que, por sua vez, qualifica a intenção. Todas interdependentes. No teatro, um gesto tido como "vivo" é um gesto intenso, motivado e definido.

Pois bem, o Campo de Visão, ao propiciar que o ator se correlacione o tempo inteiro com o outro, impulsiona que esse ator ative suas intensidades para poder acessar em si as intensidades do outro para daí compreender suas motivações e perceber em si as intenções que aquele movimento contém somadas às suas qualidades expressivas. No corpo do ator, intensidade e intencionalidade se entrelaçam o tempo inteiro porque no Campo de Visão tudo acontece em fluxo. E não se sabe ao certo onde começa ou termina o fluxo. O fluxo é fluxo porque é um *continuum*. Um gerúndio sem fim. Sem começo. Um puro estar. Constante. Pleno. Solto. À deriva e consciente, simultaneamente. E é nesse lugar, nessa condição, que as intensidades e as intencionalidades tramadas tramam a arte do ator.

O líder

Em 2015, ministrei a disciplina "laboratório de interpretação teatral" no Departamento de Artes Cênicas da Unicamp; minhas aulas foram integralmente acompanhadas por Michele Gonçalves, então minha orientanda de mestrado com um projeto de pesquisa que tinha como objeto central o Campo de Visão e resultou em sua dissertação: "Campo de Visão: inventário de procedimentos". Ao longo de todo o percurso, ela registrou questões dos atores que participaram da disciplina, bem como as minhas reflexões a partir desses questionamentos. Segue aqui um breve exemplo:

– "Caso eu veja apenas uma parte do movimento, mas por ela consiga reconhecer que o líder está em um sentido diferente do meu, eu devo me colocar naquele sentido ou espero ver a ação completa?"
Marcelo Lazzaratto (ML): Tudo que você perceber, você faz. Se consegue reconhecer o sentido, mesmo não vendo a ação completa, assuma o sentido.
– "Eu sigo não somente o líder, mas posso seguir alguém que esteja vendo o líder?"
ML: Sim. Qualquer movimento que esteja em seu Campo de Visão (CV), você segue. Teoricamente, qualquer movimento que estiver em seu CV será como o do líder, pois a pessoa que o está fazendo está vendo o líder, ou vendo alguém que vê o líder.
– "A ação inicial tem que ser repetitiva?"
ML: Você experimenta livremente. Pode insistir em uma mesma ação ou pode variar entre diferentes ações.
– "E se eu consigo ver o líder apenas parcialmente, mas percebo que a pessoa que está mais no meu Campo de Visão, e que é quem eu consigo ver por inteiro, está fazendo tudo errado, o que eu faço?"
ML: Usa o bom senso. Se você tem certeza de que a pessoa está equivocada, não siga essa pessoa.
– "Mas mesmo que a pessoa não esteja fazendo um gesto exatamente errado, se ela está seguindo alguém, que está seguindo o líder, quando eu for segui-la, estarei seguindo um movimento já transformado, que não é igual ao do líder..."
ML: Tudo bem. Em algum momento, você terá oportunidade de ver a movimentação do líder e aos poucos você vai apurando a sua movimentação. Em alguns momentos não dá para ver exatamente o gesto, certo? Então comece com o que você consegue ver e aos poucos vá buscando mais precisão. Essa transição é muito interessante no CV, porque o coro aqui não é coreografado. Essas diferenças, essas transições, essas passagens, o que você traz, o que te acontece e que você leva, ou o que você gera, tudo faz parte. O que temos que nos perguntar é: como ser preciso sabendo que existe uma imprecisão?

Durante muito tempo me debati com esse termo usado pelo condutor na dinâmica do Campo de Visão: o líder. Embora eu mesmo o tenha batizado assim, alguma coisa nele me incomodava. Pensava: um sistema tão livre, improvisado, dado aos fluxos, que busca uma dinâmica essencialmente coletiva, por que deve conter um termo que *a priori* parece negar tais características? "Liderança" podia dar a entender que a vontade de um se impunha à dos demais; que o ponto de vista de um fosse mais significativo; que suas escolhas representassem as escolhas de quem o seguisse. Ou seja, podia sugerir que se tratava de um termo que negava o que constantemente se queria conquistar com aqueles indivíduos que agiam em coro.

Muitas vezes quis mudar o termo. Passei a usar *corifeu*, remontando à função daquele que, no coro das tragédias gregas, fala aos protagonistas pelo coletivo. Um representante do povo. Sua voz sendo a voz do coletivo. De fato, não se trata de uma escolha ruim. O coletivo do Campo de Visão deve muito ao coro grego. Aliás, uma parte do trabalho em Campo de Visão investiga a relação coro-protagonista advinda das tragédias gregas, é um de seus objetivos. Então, chamar aquele que gesta o movimento de *corifeu* não seria de todo inadequado.

Porém, isso também não me satisfazia. Porque no Campo de Visão não necessariamente se cria ou se apoia em uma dramaturgia em que existem personagens definidos de uma sociedade que nos contam uma história. E o líder do coro não é necessariamente representante desse coletivo. Como já expus até aqui, em muitos casos o líder do movimento conduz um tipo de ação inserido em tal imaginário, e os indivíduos que o seguem podem estar produzindo ações internas diferentes. Não há necessariamente convergências entre os conteúdos. O gesto e os movimentos que se externalizam, sim, devem ser os mesmos. Agora, a motivação e sua continuidade como ação interna, não necessariamente. Essa é a maior liberdade do Campo de Visão. Cada indivíduo inserido num coletivo pode fazer as suas escolhas de condução. Pode se aliar absolutamente ao que o líder propõe, como pode se encaminhar por outras imagens, outros enredos.

Pensei em outros nomes, outros termos: condutor, motivador, estimulador, chefe, mestre etc., mas nenhum me parecia convincente ou mesmo abarcar por completo a função a ser desempenhada. Ou seja, nunca deixei de usar o termo *líder* no trabalho, mesmo insatisfeito, até que, em certo momento da investigação, processando e analisando os diversos materiais que a prática constante me oferecia, concluí que o melhor termo mesmo seria *líder*.

Explico: exatamente porque traz em seu bojo possíveis desdobramentos, *a priori*, contrários ao que se pretende com o Campo de Visão, ele passa a ser uma referência clara, inequívoca para os participantes, até para futuramente relativizá-lo e/ou superá-lo. Quando iniciamos o exercício, rapidamente todos entendem a liderança, quem a exercerá e a sua função. Essa característica em um primeiro momento do trabalho é benéfica, porque, na dinâmica, os participantes têm que lidar com tantas variáveis ao mesmo tempo que ter algo concreto e claro é tranquilizador.

Em seguida, surge um aspecto ético e pedagógico importante: o líder que lidera para si não contribui ao todo. O líder que se fecha ao coletivo ou que se esmera em ações virtuosísticas não joga o Campo de Visão. E isso se evidencia. A dinâmica se enfraquece. Os participantes sentem isso com muita clareza. O líder que não escuta seus liderados sucumbe rapidamente. E com isso todos sucumbem. E nenhuma ação poética se mantém interessante por muito tempo. Ela se fragiliza. Perde-se a contiguidade, o exercício de alteridade não acontece, o jorro criativo seca.

O Campo de Visão mostra que é preciso liderar e ser liderado ao mesmo tempo. O líder tem que ser permeável ao coletivo, e o coletivo, permeável ao líder. O líder é propositor do movimento, mas muitas vezes ele propõe o que o coro queria que fosse proposto. Isso acontece quando há inteireza e integridade nas relações. Quando isso acontece, muitos depoimentos de quem liderou afirmam que a criatividade não cessava. O fluxo criativo entra em *continuum* porque há troca verdadeira entre todos.

Quando isso acontece, quem olha de fora começa a não mais distinguir quem é o líder. O coro flui com liderança, sim, mas disseminada, espraiada. Como o voo daqueles coletivos de pássaros que desenham o céu com imagens belíssimas através de seus movimentos e mudanças de sentido, sem detectarmos quem decidiu ir para cima ou para baixo, para a esquerda ou para a direita, e todos vão, juntos, seguros, sem se chocarem, ante nossos olhos maravilhados.

Utilizar o termo líder faz com que, aos poucos, os participantes entendam a qualidade da liderança, e que todos e cada um, em algum momento e por certo tempo, serão líderes. A liderança não se perpetua. Ela não é vitalícia. A dinâmica prevê troca constante de líderes, porque é preciso aprender a liderar e sentir a responsabilidade da função, a entender como é importante ser conduzido sem ser massa de manobra.

Proposição e escuta – é isso que se pretende, ao fim e ao cabo. Propiciar o exercício dessas duas potências antagônicas, mas não excludentes. Ao contrário, uma fortalece a outra: quanto maior for a escuta, maior será minha capacidade propositiva. Minha proposta será melhor quanto melhor for minha escuta.

Quando conduzo os trabalhos, costumo estimular os atores a de fato entenderem/sentirem que um bom líder antes percebe as necessidades de seu coletivo e não suas próprias necessidades. Mesmo sabendo que, no fundo, tudo interessa, ou seja, uma necessidade individual pode, sim, ser fundamental a todos porque, de certo modo, as mazelas e os anseios humanos são os mesmos; estimulo esse entendimento porque sei que nossa sociedade imprime a cada indivíduo a urgência de sucesso e realização. E que as conquistas individuais são muito valorizadas. Mesmo o ator que, na contramão desses princípios, escolheu esse ofício chega impregnado desse paradigma. E já me parece evidente que o exercício de transformação desse paradigma se faz necessário.

> Como um líder, eu sempre me esforcei para ouvir o que cada pessoa tinha a dizer numa discussão antes de dar minha própria opinião. Com frequência, minha opinião simplesmente representará um consenso do que eu ouvi na discussão.
> Um líder é como um pastor. Ele fica atrás do rebanho, deixando os mais ágeis saírem à frente, ao que os outros o seguem, sem perceber que o tempo todo estão sendo dirigidos por trás. (Nelson Mandela)

Hoje, o termo, experimentado e analisado, não mais me incomoda. Ao contrário, faço questão de utilizá-lo. Por ser em certa medida antagônico, ele potencializa o intuito. E é curioso observar que, conforme o trabalho segue, isso não é mais debatido; aquelas primeiras questões sobre a liderança não são mais trazidas à baila. Porque fica claro que, no Campo de Visão, o mais importante não é ser um líder, é conquistar a condição de líder. Ele é só uma função que serve àquele organismo vivo que, como já disse, na verdade se auto-organiza, se autorregula de acordo com as diversas variáveis que a ele se apresentam durante o acontecimento.

Ao usar o termo líder, a ética passa a fazer parte do jogo. Ele tenciona questões, ele nos obriga a pensar verdadeiramente na relação indivíduo e sociedade, nos deveres e nas responsabilidades; ajuda a ampliar o sentido de por que estamos aqui realizando esse trabalho e qual a contribuição que oferece. Aprofunda as reflexões a respeito da vida em sociedade e do papel que o fazer artístico pode nela desempenhar.

O Campo de Visão é um pressuposto estético que contém uma ética, e esta ajuda a defini-lo. Ética e estética nele são inseparáveis. O exercício de uma exercita a outra e ambas assim se fortalecem.

O líder no Campo de Visão está menos para o conceito de hierarquia e mais para o de rizoma. Se há nele esse termo, ao fim e ao cabo, sua dinâmica tende a descentralizar-se, mas sem perder inteireza. Não há um centro verdadeiramente, de onde tudo emana. Mesmo havendo um líder, não há apenas uma fonte, um eixo. Tudo interage concomitantemente e qualquer faísca surgida daqui ou dacolá é transformadora e impulsiona a dinâmica para algum lugar, algum modo, alguma característica que durará o seu tempo devido e novamente se transformará mediante outra faísca transformadora sem necessariamente ter surgido do líder.

Nesses 30 anos de investigação, cheguei à ideia/imagem de rizoma (claro que não com esse nome) antes de saber de sua conceituação criada por Deleuze e Guattari, que somente nos fins de meu mestrado em 2003 vim a ler e estudar. Aliás, o Campo de Visão me ofereceu inúmeras reflexões que se fundamentaram *a posteriori*. Ele por si só ilumina caminhos e gera pensamentos sobre a vida e a arte, sobre os processos naturais, sobre nós e o cosmos... Daí talvez sua potência e o motivo de nunca o largar. É fascinante o seu desfolhar de saberes que aos poucos se insinuam a quem persiste em contatá-lo.

"O rizoma se refere a um mapa que deve ser produzido, construído, sempre desmontável, conectável, reversível, modificável, com múltiplas entradas e saídas, com suas linhas de fuga. São os decalques que é preciso referir aos mapas e não o inverso."[14]

Se rizoma, para os filósofos franceses, "é classificado como a-centrado, a condição deste tipo de sistema é a de complexidade, em que não há um decalque, uma cópia de uma ordem central, mas sim múltiplas conexões que são estabelecidas a todo o momento, num fluxo constante de desterritorialização e reterritorialização".[15] Essa é uma boa imagem-síntese para o Campo de Visão. Porque ele, como já visto, é um sistema complexo, lida com as variáveis o tempo todo, em fluxo constante, e, por assim ser, não precisa eliminar por completo a ideia de hierarquia. Ele reconhece sua existência, mas não acredita

---

[14] Deleuze & Guattari, 2006, pp. 32-33.

[15] *Idem, ibidem.*

ser o único modo operacional. É simplesmente mais um fator a ser levado em consideração, sem dar a ele maior ou menor valor, e, por assim processar, já o altera significativamente.

Os agrupamentos humanos ao longo das eras, de alguma forma, seja por qualidades físicas (guerreiros), de inteligência (estrategistas), sensitivas (espirituais), estabeleceram algum tipo de hierarquia para organizar os desejos e as intensidades individuais daquela sociedade. A hierarquia tem como primeira característica organizar. E nisso ela pode ser importante ao jorro criativo. O problema é que ela também tende à rigidez, à impermeabilidade. E nisso ela é perniciosa para aquele organismo, que, por ser vivo e composto por individualidades, tem de ser, antes de qualquer coisa, permeável e móvel. Eis aí novamente uma contradição: o substrato do processo em Campo de Visão é que todos são potencialmente líderes e não o são praticamente ao mesmo tempo. Cada um pode, durante certo tempo, e isso é importante, *durante certo tempo*, assumir a liderança, permanecer/ser/estar no ápice da pirâmide hierárquica, mas com a sensibilidade e a inteligência condutoras voltadas para o todo e não somente para si. E, por assim ser, inverter, quebrar, diluir a pirâmide em pluriformas, plurimodos, pluribits.

Abaixo, algumas indicações que costumo dar aos atores em relação à liderança:[16]

– A qualidade da liderança não está na diversidade de ações propostas, mas no estado que você consegue alcançar ao propor determinada movimentação. Para ser um bom líder, preciso entender que há 25 pessoas atrás de mim que estão se relacionando comigo. E, nessa relação, o trabalho é de conceber espaços e mundos. Isso acontece, por exemplo, nas decisões de deixar pessoas suspensas ou recuperar pessoas para a ação coletiva.

– Os líderes precisam estar atentos, pois a sua criatividade individual às vezes não é a melhor escolha para o coletivo. É importante estar consciente de que a movimentação proposta precisa ser decodificada e apropriada pelos outros participantes em prol de uma coletividade potente. É preciso entender o sentido de condução e deixar claro para o coletivo o que se quer, dando tempo ao entendimento.

---

[16] Extraídas do mestrado: "Campo de Visão: inventário de procedimentos", de Michele Gonçalves.

– O trabalho com o CV coloca o ator em uma corda bamba: de um lado, o jogador procura executar o movimento exato do líder e, do outro lado, há seu comprometimento com sua imaginação. O importante é estar permeável para as coisas de dentro e as coisas de fora.

Durante a dinâmica, muitas vezes ressalto que é desejável que o coletivo inteiro tenha e mantenha a mesma intensidade que o líder estiver imprimindo. O que tende a acontecer é que os mais próximos vibram na mesma pulsação que o líder, mas os mais distantes esmorecem. Peço para que cortem essa tendência e coloquem-se todos inteiros e na mesma intensidade. Esclareço que, nesse primeiro momento, é importante que o grupo harmonize o coletivo, então os líderes precisam conscientizar-se de que estão liderando 20 pessoas e devem dar a devida atenção a elas. Se o líder faz muitos movimentos diferentes em pouco tempo, o coletivo não consegue acompanhar, pois não dá tempo de as pessoas entenderem. O bom líder é aquele que se faz entender.

O mais significativo é que, ao fim e ao cabo, no Campo de Visão não é necessária voz de comando para que algo seja feito coletivamente. Nesse momento dos trabalhos a imagem rizomática proposta pelos filósofos franceses se delineia por completo. Em *Ifigênia*, por exemplo, o grupo de atores no início do espetáculo em formação coral deveria falar em uníssono o primeiro texto da peça, sem nenhum comando, sem nenhuma marca específica, nenhum sinal, simplesmente agir juntos. Todo processo de criação e apresentação do espetáculo poderia ser resumido nesse único gesto: cada indivíduo em contiguidade com os outros, agindo todos juntos sem nenhuma voz de comando. É preciso muito trabalho continuado para que essa simples e complexa ação se efetue diariamente e que diariamente aconteça plenamente. Superando, assim, a sorte e o acaso.

Qualidades expressivas

Creio que, para falar mais objetivamente sobre as qualidades expressivas desenvolvidas no Campo de Visão, seja interessante retomar brevemente as estruturas do curso. A certa altura do trabalho, quando chegamos ao item "Tema", introduzo as noções de quatro qualidades expressivas do trabalho do ator: cotidiana, realismo estilizado, abstrata e simbólica.

É importante dizer que essa definição não foi por mim buscada. Nunca tive o intuito de estabelecer nomes para qualidades expressivas do ator. O objetivo do trabalho nunca foi esse. Eles foram surgindo, ao longo dos anos, através da observação daquilo que os participantes realizavam e, principalmente, das repetições de alguns padrões expressivos que aconteciam com qualquer tipo de participante, mais experiente ou não, quando era estimulado a se relacionar com este ou aquele tema.

Como condutor do trabalho, ofereço temas abstratos e concretos para que sejam desenvolvidos em Campo de Visão. Exemplo: amanhecer e parquinho de diversões. Claro que o que se visa, como a esta altura já está claro, não é separar as coisas, mas saber enfatizar esse e aquele aspecto, ou seja, pode haver muita concretude no amanhecer e muita abstração num parquinho de diversões. Mas, *grosso modo*, para iniciar o trabalho, o tema "amanhecer" favorece estados, memórias, emoções, e a gestualidade desenvolvida tende aos movimentos abstratos. Bem como a concretude do parque imprime nos atores gestualidade e movimentação bastante coladas à realidade que o espaço oferece.

Com o passar do tempo, com o trabalho continuado da pesquisa, ao observar tais características propus esmaecimentos dessa polarização entre o abstrato e o concreto. Essa iniciativa se revelou muito significativa, pois, na verdade, esclareceu-me que os gestos expressivos existem em uma longa (talvez infinita) gradação que vai do cotidiano absoluto até o absoluto abstrato, e que cada construção poética deve selecionar essa ou aquela gradação de acordo com a linguagem estética pretendida. Ou talvez seja melhor dizer que a qualidade expressiva determine a linguagem? Talvez. Ou ambas, em simbiose...

Para dar conta dessa enorme gradação, resolvi dar o nome de "realismo estilizado" a toda e qualquer expressividade que traga em si alguma peculiaridade que a afaste em maior ou menor grau do gesto cotidiano. Posso mesmo dizer que a grande maioria dos espetáculos teatrais opera um certo realismo estilizado. Ele é a tônica de nossa produção ocidental. Há trabalhos que se afastam bastante do cotidiano sem perder algum tipo de vínculo com a realidade e há trabalhos que acontecem em uma região bem próxima da vida tal como ela é. E, entre eles, a gradação.

Ou seja, entre o cotidiano e o abstrato temos o realismo estilizado. Mas, e o simbólico? Antes de entrar nesse campo, apresento as definições dessas qualidades expressivas:

- cotidiano – imitação inequívoca do gesto cotidiano. Baixa intensidade, pouco delineio, sobreposição de pequenos gestos indefiníveis, apoio da "fala" etc. Costuma ser uma tendência entre os atores iniciantes; no entanto, a cópia fidedigna do cotidiano não acontece muito no teatro contemporâneo, a ele tem poucos atrativos. A energia cotidiana tende a ser desinteressante no teatro, a não ser quando se faz um recorte muito radical do cotidiano como uma proposição clara de linguagem;
- realismo estilizado – tem muitas camadas, vários degraus. Nele, o que vemos não é uma reprodução fiel do cotidiano, mas há o referencial da realidade, há um fio de contato com o real, sempre. Na gradação do realismo estilizado, temos desde movimentos semelhantes ao cotidiano, mas com alguma transformação, até os gestos muito estilizados que beiram à abstração (este último talvez seja um território mais fértil na dança; o teatro tende a manter um contato com o real, mas, por outro lado, a contemporaneidade, como já dito, esmaeceu essas fronteiras);
- abstrato – expressividade que se desvincula da realidade e, na condução do Campo de Visão, revela estados de alma bem como desenhos espaciais, volumes e formas geométricas, com ênfase na relação entre força, velocidade e densidade;
- simbólico – síntese de uma experiência coletiva que concebeu tal gestualidade. Exemplo: sinal da cruz, saudação nazista, ajoelhar-se em direção à Meca etc.

O gesto simbólico tem origem em alguma experiência coletiva que seja capaz de gestar o símbolo; diz respeito aos gestos que promovem uma compreensão coletiva imediata, tem a ver com os arquétipos. Há força ritualística em sua manifestação. Trata-se de uma síntese. Síntese de forças racionais e instintivas. Há muito de consciente no gesto simbólico, mas muito de inconsciente também. Há clareza formal e intensidade anímica. Por ser fruto de uma coletividade, ele organiza e dá sentido ao indivíduo. Um gesto simbólico é de extrema intensidade. Nele, o tempo se faz presente. É preciso remontar dois mil anos de experiência coletiva para que Cristo na cruz seja símbolo, e não apenas um mero signo informacional. Para ser de fato símbolo, a experiência de um gesto tem que ser efetiva, e não apenas uma correlação ou um indício.

CAMPO DE VISÃO: UM EXERCÍCIO DE ALTERIDADE

Costumo dizer que um coletivo teatral com um trabalho continuado, quando vai à sala de ensaio preparar um novo espetáculo, é capaz de gestar e sintetizar um ou mais gestos simbólicos. Ainda mais se se utiliza do Campo de Visão como procedimento investigativo. O que se experiencia no Campo de Visão, devido às suas peculiaridades até aqui demonstradas, estimula o corpo psicofísico do ator a outras intensidades energéticas correlacionadas e impulsionadas pelo coletivo, que favorecem um acontecimento ritualístico em que se podem sintetizar padrões expressivos com força simbólica para aquele trabalho em questão. Posso afirmar que isso aconteceu na criação dos espetáculos *Ifigênia* e *Diásporas*, e talvez muito de suas contundências tenha vindo desse fato. Mais adiante tratarei com mais vagar dessas montagens que consolidaram o Campo de Visão como linguagem cênica.

Por ora digo que essas quatro qualidades expressivas podem ser um bom guia para que o ator conduza seus trabalhos de composição cênica. "Brincar", estando ora no cotidiano, ora no abstrato – definir um gesto realista e aos poucos enfatizar essa e/ou aquela característica do gesto estilizando-o –, é, de fato, muito estimulante ao ator, além de oferecer a ele uma maior capacidade de se conduzir pelas mais variadas necessidades estéticas. Por exemplo, um gesto cotidiano: pegar um copo e beber água. Em direção à estilização: repetir inúmeras vezes, mudar a velocidade do movimento, alterar o tempo entre pegar o copo e levá-lo à boca, inserir uma necessidade vital na ação, imaginar tal circunstância para que se tome água naquele momento, depois outra, e mais outra, e assim por diante; alterar o tempo dos goles d'água, inserir pausas entre o visualizar o copo, pegá-lo, levá-lo à boca e beber a água, imprimir força ao gesto, depois leveza...

Inserido no Campo de Visão Livre reverberando as ações dos outros companheiros de cena que não estão bebendo água, mas que pertencem ao mesmo acontecimento cênico, ser por eles influenciado, contaminado... Os gestos, os movimentos, os sons dos outros podem servir de estímulo para a estilização do gesto "pegar um copo e beber água"; na verdade é intuito que isso aconteça. O Campo de Visão promove esse tipo de troca sensível, cada ator não é dependente somente de si mesmo para manter a chama criativa acesa. Pelo contrário, ela não se apagará nele quanto maior for seu contato com os outros.

Entre o cotidiano e a abstração está uma grande porcentagem de nosso trabalho de ator no teatro. Desde um tipo de encenação *à la* Bob Wilson até aquela peça da escola que você fez quando tinha 12 anos de idade. O que diferencia é o apuro, a definição e a adequação à linguagem. A mesma expressividade pode ser boa em um contexto e ruim em outro. O ator está inserido em um contexto que se configurará de uma forma específica que articulará diversos ingredientes; o seu trabalho deve se colocar a serviço do todo. É importante cuidar das conexões com os outros elementos que compõem a cena. A qualidade expressiva estará sempre vinculada ao pressuposto estético. Há processos em que o encenador determina *a priori* a linguagem, e, nos ensaios, os atores exercitam e se aprimoram em uma qualidade expressiva condizente a ela; há processos em que a linguagem vai se configurando à medida que as descobertas a respeito do tema e da forma vão acontecendo. Nesses casos, gesta-se um tipo de qualidade expressiva própria, concebida a várias mãos. O assim chamado Teatro de Grupo, que ganhou força e importância nos últimos 25 anos no teatro brasileiro, instituindo modos e procedimentos estéticos diferenciados, geralmente cria seus trabalhos desse modo. E hoje, depois de certo tempo, é possível reconhecer qualidades expressivas próprias a cada coletivo – posso mesmo dizer que elas ajudam a definir suas identidades.

E aqui temos um "problema": o Campo de Visão não visa definir identidades. A identidade nele é transitória, dura o tempo que dura. Talvez seja por isso que os espetáculos da Cia. Elevador de Teatro Panorâmico são tão diferentes uns dos outros. Não há uma repetição na qualidade expressiva de seus atores que seja reconhecida em qualquer trabalho. Porque ali, estimulados pelo Campo de Visão, não é a técnica que determina a estética. Não há treinamento de especificidades. Os atores exercitam o encontro, a alteridade, a imaginação, e, por consequência, sua gestualidade e sua qualidade expressiva vão se elaborando, ganhando contornos, porém sempre a serviço do que a obra pede. Cada trabalho necessita de uma qualidade expressiva específica, própria. E o Campo de Visão, por ser um generalista em essência, é capaz de oferecer subsídios para que essas características específicas se delineiem. Trata-se de uma contradição bem-vinda!

Na Idade Média e no Renascimento, a física, a filosofia, a medicina e a epistemologia não eram disciplinas separadas. Leonardo Da Vinci, por exemplo, era um grande filósofo, arquiteto, escultor, pintor e engenheiro. Com a modernidade, esses estudos foram divididos, o que causou uma perda terrível, porque eles deixaram de se arriscar, como se estivessem em mar aberto. Dante convidava a fazer isso (a arriscar), com a frase: "Coloquei-me em mar aberto".[17]

O Campo de Visão promove novamente esse tipo de olhar e de fazer o que Mauro Maldonato afirma de maneira tão simples: antes perceber a integração das diferenças, não separar, não dicotomizar, não especializar. Ir em busca da obra como um todo e nela arriscar. "Coloquei-me em mar aberto": imagem vasta, ampla como o campo que estimulo no Campo de Visão.

Entendo que nos colocar a serviço da obra e não o contrário, a obra a nosso serviço, coloca-nos sempre em desequilíbrio. Exige de nós constantes questionamentos. Coloca-nos em relação. Elimina a unilateralidade. Nada é definido aprioristicamente por nossa vontade ou por nossa técnica. Faz com que exercitemos a multidimensionalidade das coisas. E que o apuro técnico necessário à qualidade expressiva daquela obra em questão se fortaleça ao longo do processo. Porque a técnica é necessária e vital e de alguma forma deve ser trabalhada, exercitada, mas ela é antes um meio, e creio que não deva determinar todos os trabalhos de criação.

Assim, o Campo de Visão não é uma técnica; é antes um espaço potencial, um espaço de experimentação, um campo de percepção e escolhas, opera no devir. Sim, é isso, o Campo de Visão opera no devir!

CONSIDERAÇÕES DO CONDUTOR

A seguir, pensamentos, reflexões e apontamentos variados que fiz e faço como condutor. Essa figura é fundamental aos trabalhos com o Campo de Visão. No livro que publiquei em 2011, *Campo de Visão: exercício e linguagem cênica*, detenho-me em sua importância, sua característica e sua função. Aqui, apenas apontarei um jeito de abordar algumas questões que surgem aos participantes quando passam a realizar o Campo de Visão. Alguns desses apontamentos foram gravados e transcritos pela pesquisadora Michele Gonçalves quando acompanhou a par e passo um curso que dei para alunos da Unicamp, fato aqui já mencionado anteriormente. Agradeço a ela pelo interesse e pela meticulosidade do trabalho. Selecionei alguns apontamentos daquela jornada e alguns outros foram desenvolvidos agora no mesmo molde, pois me pareceu

---

[17] Maldonato, 2012.

interessante também constar aqui um sentido direto de uma explicação que se dá em sala de trabalho.

ML:[18] Não existe no CV esta relação a que estamos acostumados de contracenação direta, de olho no olho. No CV há um outro tipo de relação. O que não significa um juízo de valor com relação à contracenação direta; ela é boa em outros contextos, mas aqui se experimentam outras coisas, outros tipos de percepção e de relação, que não a frontal. A regra básica do jogo: "Sempre que houver algum movimento em seu Campo de Visão, você o segue. Ponto".

ML: A questão é estar na experiência, estar no acontecimento. O que interessa é estar na experiência, pois, assim estando, com treino ao longo do tempo, o ator consegue estar focado e na visão periférica, simultaneamente. Ele descobre que, quanto mais em jogo, em relação com outro, mais ele consegue estar em si mesmo. Parece paradoxal, mas essa é uma conquista importante que o ator pode fazer através do CV.

– "Devemos tratar a expressão 'Campo de Visão' pelo sentido literal da palavra visão ou posso considerar o que escuto ou quando sinto alguém passar por mim para começar a seguir?"

ML: Por enquanto, só a visão. Neste momento inicial, você reproduz o som só quando você está em Campo de Visão. Se você está suspenso, pois não vê nenhum movimento, não reproduza o som que os outros estão fazendo. Essa regra vale para este primeiro momento. Você só segue o que está em seu CV, seja movimento, seja som. Por exemplo, a música é algo que está acontecendo em você o tempo inteiro, quer você queira, quer não. Se você quiser, é melhor. Mesmo que você não preste atenção, seu aparelho auditivo está captando a música e seu corpo está sendo afetado. Cabe a você trazer para o consciente ou não, conduzir-se ou não. Outro exemplo, as pessoas que estão ao seu lado, tanto quando você está em ação no Campo de Visão, quanto quando você está nas ações livres.

ESPAÇO

– Atenção para a ocupação do espaço. Estão cedendo à tendência de se aglomerar. Mesmo na ação individual, estar com. Considerar as pessoas que assistem de fora. Relacionar-se com o olhar de fora também é importante. Eu entendo o espaço, se eu observar o espaço. E eu me entendo no espaço se eu percebo que algo me olha

---

[18] A sigla ML significa Marcelo Lazzaratto e aparece nos momentos em que descrevo perguntas e respostas para distinguir as questões dos alunos das respostas do condutor.

no espaço. E esse algo pode ser o outro, a plateia ou pode ser qualquer coisa que você imagine. O que eu, aqui, neste espaço, gero no outro, em alguém ou algo que está além daqui?

– O CV tem uma relação entre imagem e espaço. Quando trabalho à distância, tenho mais discernimento e favorecimento da lógica. Quando trabalho com a proximidade – mais perto dos outros jogadores –, a compreensão visceral é favorecida, pois sou contagiado pelos outros. O que é importante nos dois casos é manter o olhar de fora. Mas, via de regra, a distância favorece a condução; quando há espaço entre os jogadores a movimentação do líder é mais respeitada.

– E esta é uma das grandes potencialidades do jogo com a espacialidade: não só escolher as trajetórias que serão percorridas, mas propor composição no espaço manipulando o grupo para que sustentem ou recomecem a movimentação em função das imagens que se está desejando criar.

– O foco do trabalho no momento não é se relacionar com o público, mas ele não deve ser ignorado. Reconhecer que alguém vê de fora ajuda a lembrar que você de dentro precisa ter uma visão de fora – um "olhar helicóptero" – sobre o todo. Quando se consegue, ao mesmo tempo, ver de fora e pulsar dentro, o trabalho é muito divertido. Você constrói a encenação e seu ofício se estabelece plenamente. Você se inflama e tudo acontece.

– Como quando alguém entra no mar, depois tenta voltar para a praia e não consegue, então vem o medo de se afogar: se a pessoa lutar contra o mar, provavelmente se afogará. Mas, se ela se deixar levar pelo mar, provavelmente ele a levará de volta para a praia. Ou seja, o fluxo a salva. Deixe-se ir no fluxo, pois ele o levará a algo potente. O importante é que você seja capaz de responder ao que te afeta, mesmo que o que te afeta não seja o que você imaginava que seria o próximo passo.

– O objetivo de todo ator deve ser sempre colocar-se em espaço, tempo, universo, situação e agir aí verdadeiramente. Isso quer dizer comprometer-se com o imaginário.

AFECÇÕES

– É preciso estar disponível para ser afetado pelo outro. Uma parte fundamental do trabalho é descobrir suas próprias portas de acesso, abrir-se para o outro e captar algo nele que o estimule. Ao me apropriar do arsenal e do imaginário do outro, incandesço-me pelo mundo que o outro traz e por suas capacidades físicas. O outro me intensifica.

– Em muitos momentos do trabalho, tanto nas ações individuais quanto durante a movimentação com liderança, aparecem sugestões de narrativas. A construção poética se dá inconscientemente no início das proposições e aos poucos vai ganhando intencionalidade.

– O importante para que haja vida nos movimentos é manter o imaginário ativado. Assim eles se tornam ações.

INTENSIDADE

– Nos primeiros momentos de trabalho com o CV, para que a energia não vá se esmorecendo, é preferível optar por aumentar a intensidade dos movimentos. À medida que o jogador ganha intimidade com os princípios do trabalho, começa a trabalhar buscando gradação dessa intensidade.

– É natural que haja picos de qualidade na criação. Um dos motivos de baixa na qualidade do jogo é a exaustão, que é física, mas é também criativa, mental e emocional. No entanto, ao perseguir a ativação do imaginário e ao deixar-se afetar pelo outro, a baixa criativa pode subitamente se transformar em potência. E esse movimento energético vai se dando em ciclos, com momentos de pico e momentos de baixa.

CUMULATIVO

– O trabalho no CV é sempre cumulativo. É preciso tirar a palavra "ou" do vocabulário e entender que aqui é sempre uma coisa "e" a outra, uma coisa "com" a outra.

– O trabalho aqui é sempre cumulativo, não jogue nada fora. Você não precisa jogar fora, você pode deixar guardado. Jogar fora qualquer material é um desperdício. Qualquer coisa que o outro faz pode ser superinteressante para você daqui a pouco. Aí você não precisa ficar espremendo para tirar de você materiais até esgotar sua criatividade, porque, se você tirar só de você, uma hora esgota mesmo. Mas, se você está ligado no outro, ligado nesses lampejos que aparecem, na musicalidade, na espacialidade, em todos os estímulos que estão à sua volta, a sua criatividade não cessará jamais.

– É importante não ficar tenso com a quantidade de elementos a que se deve estar atento no trabalho com o CV. Há um aprendizado que é subliminar e cumulativo; ele vai se dando à medida que se pratica.

– No CV não há relação de causa e consequência, não há regras do tipo "faça isso que você chega naquilo". O que importa é estar inteiro na experiência, e aos poucos o ser integrado – corpo, mente, emoção – vai se apropriando do conhecimento e se tornando mais hábil para o jogo.

– À medida que o ator se apropria fortemente do jogo, ele consegue desenvolver um fluxo pessoal em conexão com o coletivo, que lhe permite seguir o líder sem se preocupar em vê-lo.

INTERAÇÃO DAS QUALIDADES EXPRESSIVAS

– Investigue de verdade o que é retilíneo. Uma boa forma de trabalhar essa qualidade é imaginar que os movimentos surgem de uma linha puxada da articulação.

– O que é interessante no trabalho com os movimentos retilíneos é que, na verdade, nada é retilíneo. O homem abstraiu o conceito de reto da natureza, traçou uma linha entre dois pontos e definiu a reta. E, com a descoberta da linha reta, ele se impôs sobre as coisas.

– O fazer artístico é uma alquimia, uma mistura de temperos, as pitadas de cada ingrediente é que definem a potencialidade da expressão. Todo e qualquer exercício criativo tem um momento em que a fricção entre o apolíneo e o dionisíaco gera potência. É quando surgem coisas como controle descontrolado ou atenção fugidia.

– Somos nada e somos tudo. Afetamos e somos afetados o tempo todo. Ao ser afetado, você afeta simultaneamente. O afeto gera resposta que gera movimento que afeta o outro.

– A confluência de mundos que o CV propicia tem como objetivo potencializar os mundos. E não há problemas se acaso esses encontros acabarem por borrar os mundos. Mas é importante ter clareza de que o objetivo não é borrar os mundos, e sim intensificá-los.

– Além da integração que se dá simplesmente por estar seguindo o outro, há uma maneira subliminar de integração, que tem a ver com estarmos processando criativamente e coletivamente materiais comuns, sem nenhum tipo de voz de comando.

– Todos somos corpos conscientes e intuitivos ao mesmo tempo. Temos que trabalhar com essas duas dimensões.

– Qualquer habilidade deve ser entendida como potência para ação poética e não como virtuose.

TEMA

– Há várias possibilidades de trabalhar com a ideia de neblina. Eu posso imaginar a neblina, posso contar a neblina, posso ser a neblina, posso sentir a neblina estando nela ou posso escrever com meu corpo sobre ela, por exemplo. Ser a neblina o qualifica de quê? Quais qualidades psicofísicas lhe traz? E sentir a neblina? Quais qualidades? Se eu aponto a neblina, tenho outras qualidades. Se sinto sua aproximação, outras. São muitas as possibilidades.

O condutor perguntou aos atores como foram suas sensações e, a partir das respostas dadas por eles, fez várias considerações. Seguem abaixo trechos dos diálogos estabelecidos por eles:

ML: Como fomos?
– "Triste."
– "Pra mim é difícil lidar quando não tenho possibilidade de imaginar objetos."
– "Pra mim é difícil atingir estados quando o tema é concreto. Acabo caindo em clichês."
– "Eu descobri na neblina que precisava admitir o clichê para conseguir dar o próximo passo."
ML: Exatamente. Você pode partir de uma primeira imagem óbvia e a repetição vai te levar para a estilização.
– "Os temas concretos me incomodam. No abstrato, eu consigo concretizar, mas no concreto eu não consigo abstrair."
ML: Isso é bom. Fica claro que você consegue se observar e isso é mais importante do que ter facilidade em executar algo. É bom perceber quais as suas dificuldades e quais as suas potências.
– "No abstrato, o estado é mais latente, mas achei mais difícil externalizar. Então, comecei a me inspirar nas pessoas à minha volta e no espaço mesmo. Por exemplo, teve uma hora que só por encostar na parede me surgiram ideias de ações."
ML: Perfeito isso. Mas, também, lembre-se de que só de você estar, você já está se expressando. Nem sempre é preciso se preocupar tanto em externalizar... A máscara neutra pode ser altamente expressiva.

ESTADOS

– O trato com os estados é o máximo da sofisticação do trabalho do ator. Não é fácil controlar a ação interna com pouca ação externa. Estados emocionais não garantem expressão poética, mas é um passo para começar a compreender de dentro suas potencialidades criativas.
– O ator deve ter a capacidade de utilizar suas potências de concretizar ideias e também as de estar no puro devaneio.

– A melhor coisa para ampliar a capacidade criativa do ator é ampliar seu repertório. E isso quer dizer viver a vida, ver filmes, ler livros, observar a cidade, viajar...

– Quando estamos na ação individual, é interessante, de vez em quando, parar um pouco, respirar, voltar um pouco pra trás. Ir sempre para frente é morte certa. É importante pausar e dar uma olhada para trás de tempos em tempos.

– O ator é vários ao mesmo tempo. Mas ele tem identidade, tem suas particularidades. O ator deve buscar articular e não setorizar. Correlacionar as inteligências tem a ver com a potência da criatividade. Quando se articulam as inteligências, há um salto qualitativo no trabalho do ator.

– Na ação individual, a radicalidade do discurso interessa, mas o ator não deve se fechar em uma bolha. O CV contribui para uma harmoniosa heterogeneidade, para a convivência da diferença. Você me insemina e eu o insemino e o coletivo nos insemina. É importante estar atento com o que está acontecendo com o todo. Quando todo o coletivo é contaminado, o acontecimento é mais potente.

Reverberações. Nos próximos capítulos me deterei em três espetáculos por mim concebidos junto à Cia. Elevador em que o Campo de Visão foi utilizado. Esses processos se mostraram passos importantes para o desenvolvimento da pesquisa. Iluminaram e se deixaram iluminar pelo Campo de Visão. Muito das obras se configurou através dele e muito das obras em questão revelou dele novas arestas. E assim seguimos, sempre em duplo contágio. Os diversos materiais poéticos e os procedimentos se tocando, contagiando-se mutuamente e, inevitavelmente, se transformando. Transformação contínua como a natureza naturando, naturando...

Cena de *Ifigênia*, 2012.

CAPÍTULO 2
IFIGÊNIA – QUANDO O MAR IMPROVISA SUAS ONDAS

O ENTRELAÇAR ENTRE TEMA E LINGUAGEM

Nos anos de 2011 e 2012, e com o apoio fundamental da Lei de Fomento ao Teatro, a Cia. Elevador de Teatro Panorâmico pesquisou as questões relativas ao trágico com ênfase no coro das tragédias gregas discutindo, por meio de debates, da publicação da revista *Sobe?* e da criação do espetáculo *Ifigênia*, o binômio indivíduo e sociedade. Os ensaios de *Ifigênia* aconteceram no Espaço Elevador; o espetáculo contou com dramaturgia de Cássio Pires, criada ao longo do processo, baseada no original de Eurípedes. *Ifigênia* estreou no Sesc Belenzinho, em 2012, cumpriu a segunda temporada no Espaço Elevador no mesmo ano e percorreu várias cidades do interior paulista, tendo sido contemplado com o Proac Circulação em 2013. No elenco, composto de atores e músicos, Carolina Fabri, Daniela Alves, Gabriel Miziara, Manfrini

Fabretti, Marina Vieira, Mauricio Schneider, Pedro Haddad, Rafael Zenorini, Rodrigo Spina, Sofia Botelho, Wallyson Mota. Esta pesquisa foi indicada a quatro prêmios da Cooperativa Paulista de Teatro (melhor espetáculo, elenco, autor e publicação da revista *Sobe?* II) e ao prêmio Shell de melhor iluminação. *Link* do espetáculo no YouTube: <https://www.youtube.com/watch?v=4ISMxKCySoU&t=93s>.

O binômio indivíduo e sociedade (indivíduo-coletivo/coro-protagonista) é a base do sistema Campo de Visão, e, em 2011, optamos por escavar ainda mais os fundamentos do sistema, escavando, assim, os fundamentos de nossa sociedade e da relação dos seres humanos entre si. Para isso, escolhemos como texto-base para aquela etapa de nossa investigação a tragédia *Ifigênia em Áulis*, de Eurípedes, devido à sua estrutura formal e temática, de onde podíamos fazer emergir claramente tais questionamentos e tensões.

Na verdade, não queríamos montar o texto de Eurípides *Ifigênia em Áulis*, mas tê-lo como material poético fomentador e alicerçador do trabalho. Queríamos desenvolver uma dramaturgia cênica que contivesse os fundamentos do mito e todo material descoberto e desenvolvido em sala de ensaio pelos atores, pela direção e por todos os outros artistas que participariam conosco da jornada. E, para desenvolver essa dramaturgia, convidamos o dramaturgo Cássio Pires, parceiro da Cia. Elevador desde a montagem de *Peça de Elevador*, que esteve em cartaz em 2006 no Centro Cultural Banco do Brasil.

Para a montagem de *Ifigênia* voltamos nossa atenção ao coro. Na verdade, a Cia. Elevador investiga o coro em uma compreensão mais ampla do termo, e não somente a do coro grego, desde o início de seus trabalhos. O coro é a matriz do Campo de Visão, que é a matriz de criação desse grupo de teatro. Assim, através do Campo de Visão pesquisamos o coro como figura gestadora de tudo que se instaura na cena. E, nesse processo, novas perguntas: como o coro e todos os seus atributos se estabelecem nos dias atuais? Como a cena contemporânea pode lidar com essa força coletiva? Qual poética a abarcaria? Schiller, em sua *Teoria da tragédia*, nos diz:

O coro mesmo não é nenhum indivíduo, senão – um conceito geral. Mas esse conceito é representado por uma poderosa massa sensível, que impõe respeito aos sentidos com a sua presença maciça. O coro abandona o estreito círculo da ação para se estender ao passado e ao futuro, a longínquas épocas e povos, a todo o humano em geral, a fim de colher os grandes resultados da vida e revelar as doutrinas da sabedoria. Fá-lo, no entanto, com a inteira força da fantasia, com ousada liberdade lírica, avançando até os mais altos cumes das coisas humanas como que com passos de deuses – e o faz, em sons e movimentos, acompanhados de toda força sensível do ritmo e da música.[1]

"Uma poderosa massa sensível" que vai "ao passado e ao futuro" revelando o que há de humano no ser humano. Esses aspectos assim descritos por Schiller estimularam e foram ao encontro de nossa investigação.

Em vez de somente ter o coro sujeito à ação dos protagonistas, ora lamentando suas desditas, ora criticando suas ações, sendo um conselheiro ou uma testemunha, funções que se averiguam inequivocamente nas tragédias gregas, o que pretendíamos era acessar as forças essenciais do coro, descobrir a sua ação, entendê-lo como um coletivo de onde surgem as individualidades. Nossa pesquisa até então com o Campo de Visão previa e prevê que o indivíduo com seus contornos específicos nasce/brota das latências e necessidades do coro da mesma forma que a ação do indivíduo afeta e transforma o coro, sempre em uma via de duas mãos.

Essa via de duas mãos é o que nos interessava. Porque é assim que o Campo de Visão é processado por nós. Um coro de individualidades não estigmatizado. Um coro que preserva a diferença entre as individualidades que o compõem, como já dito aqui algumas vezes. Porque não se trata de valorar a importância de um ou de outro, ou seja, enfatizar o coro e assim, sujeitar o indivíduo, ou vice-versa; mas sim de compreender em ação o embate entre necessidades e vontades dessas duas forças. E o mito de *Ifigênia* se presta lindamente a essa intenção.

Ele nos conta que a Deusa Ártemis liberará o vento, para que as embarcações gregas possam navegar até Troia e, assim, derrotar os bárbaros que ultrajaram as mulheres gregas, quando Agamemnon, rei e comandante do exército grego, sacrificar sua filha para ela. E *Ifigênia*, a despeito da dor de sua mãe Clitmnestra, que não admite essa possibilidade, e a despeito de um possível casamento com Aquiles, ação que impediria seu sacrifício, decide entregar-se à morte por toda a Grécia.

---

[1] Schiller, 1991, p. 79.

Desse modo, nos daria o conteúdo perfeito para aprofundarmos tanto os aspectos teóricos quanto os práticos do Campo de Visão. E o Campo de Visão ajudaria a realçar as estruturas do mito que colaboraram na construção da democracia do período clássico de Atenas. Ou seja, tema e linguagem se entrelaçando e potencializando seus sentidos e significações.

O Campo de Visão é um procedimento ao mesmo tempo técnico e estético. Nele, não se faz distinção entre a técnica e o conteúdo; antes, as duas coisas são trabalhadas conjuntamente sem que divisemos, ao certo, suas fronteiras. Essa não distinção ajuda os atores a encontrarem uma nova dimensão criativa fora do espaço-tempo convencional, via de acesso aos arquétipos geradores do mito.

Por ser um sistema improvisacional, o Campo de Visão leva em conta o *acaso* e a *escolha* como partes constituintes de sua estrutura fundamental no momento presente tanto de sua criação quanto de sua fruição. Nele, é sempre o "outro" que proporciona ao "eu" seu sentido e sua forma. Tudo o que se cria no Campo de Visão, a gestualidade, o ritmo, o movimento e até os "personagens", nasce do profundo diálogo criativo que se estabelece entre o "eu" e o "outro".

Através da relação entre os conceitos *identificação-alteridade*, o que queríamos era conceber um espetáculo que contivesse o jogo proposto pelo Campo de Visão, sob a estrutura rigorosa do texto clássico, preservando em primeiro lugar a comunicação direta, clara e profunda com o espectador.

O MAR IMPROVISA SUAS ONDAS

Nos último anos, já com certo distanciamento, acostumei-me a dizer que é o espetáculo que eu escolheria dentre todos os outros que já fiz e que porventura venha a realizar, caso me fizessem essa pergunta; e não necessariamente por uma questão de gosto ou qualidade, mas, sim, porque se mostrou como um ápice da investigação sobre o Campo de Visão por mim processada desde o início dos anos 1990, e que encontrou, com a constância dos trabalhos da Cia. Elevador, lugar de forte maturação para que florescesse radicalmente nesse processo. Digo radicalmente, porque foi um trabalho criado e realizado no risco: apresentar uma tragédia em improviso, através de um sistema improvisacional, articulando todas as variáveis sem perder o fio narrativo, é um enorme risco. Fato.

Coro em *Ifigênia*.

No início dos ensaios, e claramente influenciados pelo Campo de Visão, intuímos que a fronteira entre coro e protagonistas seria esfumaçada: o coro como latência de onde se entrevê o personagem, com o personagem não desvinculado do coro, mas, sim, para sempre conectado a ele. O que queríamos era construir a cena compreendendo essa relação indivíduo-coro como uma entidade única que se autogere. Entender o binômio como unidade sem que as características distintivas entre um e outro se perdessem. Realçar as intersecções, trabalhar nessa zona, nesse espaço "entre", onde o eu e o todo lutam gerando, de fato, um movimento transformador. Porque, ao fim e ao cabo, é isso que interessa: através do fazer artístico gerar transformações individuais e sociais.

Para tanto, propus à equipe de criação de *Ifigênia* – atores, dramaturgo, diretora de arte, compositor e iluminador – uma imagem como força motriz e guia de todo o trabalho:

O mar e suas ondas

O mar como metáfora do todo, do arquetípico, do coletivo.

A onda como metáfora da parte, da subjetividade, do indivíduo.

Imaginem que todos são mar (coletivo) e que de vez em quando uma onda se manifesta (indivíduo), desenha seus contornos específicos, dura seu tempo devido e depois se esvanece em mar.

Mar ininterrupto, dinâmico, latente, gestador de tudo e de todos. Criador de suas ondas, que dele se manifestam sem deixar de o ser. As ondas nunca deixam de ser mar. Bem como os indivíduos, eles sempre pertencem a uma coletividade. Em certo ponto da peça, Ifigênia se entende como grega e por essa condição toma sua decisão.

Como já dito, para realizar esse espetáculo utilizamos o sistema improvisacional Campo de Visão. Ele é coletivo, coral. Ele é o nosso mar, ininterrupto, dinâmico, latente, gerador de tudo que se configuraria na cena.

Utilizo-me do futuro do pretérito, "configuraria", porque *Ifigênia* é um espetáculo em que os atores, os músicos e o operador de luz improvisavam. Ou seja, a cada dia um novo espetáculo. O "o quê" sempre seria o mesmo: ele contava uma parte do mito dos Átridas, composto por oito cenas. O momento em que vento não havia. E sem vento não haveria guerra, nem vida.

O "como" é que nunca seria o mesmo. A cada dia, as cenas se configuravam de maneira diferente, regidas pela dinâmica do Campo de Visão. Dinâmica variável, movediça. Não havia personagens definidos. Não havia, *a priori*, distinção entre coro e protagonistas. A cada dia, ou melhor, a cada momento do espetáculo, a "onda" Agamemnon, gestada no mar Campo de Visão, podia se manifestar em qualquer ator, por exemplo. Bem como a onda Clitmnestra ou Ifigênia. O mar improvisando suas ondas...

Por que nesse processo nos interessou processar o coro? Para nós, o coro é mar. Do coro é que nascem os indivíduos que descrevem sua trajetória sem nunca deixar de ser coro. Um transformando o outro constantemente; indivíduo e sociedade. Com isso, enfatizamos no espetáculo a relação entre o público e o privado, alicerce da democracia e base do pensamento estético grego, para trazê-lo à tona em nossos dias: tema complexo que deve ser recorrentemente visitado para que as questões de civilidade estejam sempre na pauta do dia dos cidadãos.

Na peça, víamos com clareza como o indivíduo, além das vontades dos deuses, usa de sua consciência para escolher o seu destino. Ifigênia compreende a função e o valor de sua vida quando compreende profundamente a necessidade de sua nação e, por ela, se entrega ao sacrifício. E ela toma essa decisão publicamente. O embate interior que sofre entre seu desejo individual e a necessidade do coletivo é uma das passagens mais contundentes da dramaturgia universal. Ifigênia se sente parte de um todo. E entre a parte e o todo ela opta pelo todo, porque se sabe parte dele.

Onda/Ifigênia

> Eu vou me entregar à morte.
> A Grécia inteira neste instante
> Dirige os olhos para mim;
> Dependem só de mim a viagem da frota
> E a extinção de Troia; e de mim depende
> Eliminar de vez a possibilidade
> De os bárbaros tentarem novas agressões
> Contra as mulheres gregas.
> Não é justo que me apegue
> Demasiadamente à vida, minha mãe:
> Deste-me à luz um dia para toda a Grécia,
> E não somente para ti.
> Milhares de soldados protegidos por seus escudos
> Terão de arriscar-se a lutar e morrer pela terra natal
> Porque ela foi insultada.
> E minha vida, a existência de uma única mulher,
> Poderá ser um obstáculo a tanto heroísmo?
> Se Ártemis quer receber meu corpo em santo sacrifício
> Que ela saiba que serei então a mãe do vento.
> Minha morte me trará renome eterno
> Como se fosse minhas núpcias, meus filhos, minha glória!

Essa dialética foi ao encontro de nossos objetivos, que buscavam entender nosso trabalho inserido em uma realidade que se nos mostrava.

O tema de *Ifigênia* era e é um tema indispensável ao momento histórico em que vivemos, quando as ações individualistas guerreiam com as ações que visam à sustentabilidade, às preocupações ambientalistas, ao fim das tiranias totalitárias e à compreensão de que tudo e todos estamos, de certa forma, entrelaçados e vivemos uma relação de interdependência atávica. A mesma relação de interdependência que os atores sentem/compreendem ao improvisar a partir dos preceitos do Campo de Visão.

Com o encontro entre *Ifigênia* e Campo de Visão, naquele momento de nossa trajetória como um grupo que pesquisa a cena teatral nos seus diversos aspectos, entendemos que tema e linguagem se entrelaçavam e se potencializavam mutuamente, porque discutiam, tencionavam e operavam as mesmas questões e necessidades, o que, no nosso entender, revigorava a criação e a fruição estética, contribuindo ao longo e árduo processo da civilidade.

"Uma onda é uma onda: ondas juntas são o mar" – assim terminava o prólogo narrado em *off* do espetáculo *Ifigênia* enquanto o coro de atores de costas para o público em contraluz olhava nossa concha/sol a derramar areia como uma ampulheta cósmica do tempo a ventar seus ventos. Síntese de tudo que processamos ao longo dos ensaios e anúncio poético do que o espectador estaria prestes a ver, a sentir. Há também nessa síntese um modo de ver, um modo de estar e agir no mundo que traduz muito bem as estruturas primordiais do Campo de Visão que, como já dito no capítulo anterior, reúne ética e estética a partir do exercício de alteridade.

Durante os ensaios, propus inúmeros procedimentos dentro do Campo de Visão para que os atores aos poucos se fortalecessem para poder, futuramente, conseguir jogar com a tragédia de maneira improvisacional. Investigamos em Campo de Visão cada um dos personagens para entender não somente suas características e funções na obra, mas talvez, principalmente, sua frequência. Se eu queria que o coro fosse o mar e cada personagem uma sua onda, era necessário que cada ator e cada atriz compreendessem e conduzissem em si a frequência do personagem e não somente suas características exteriores. Mesmo que para isso, num primeiro momento, tenhamos investigado em Campo de Visão gestualidades que poderiam pertencer especificamente a cada uma das personagens. Essa primeira etapa do trabalho foi por mim nomeada como "gestoteca", ou seja, descobríamos em Campo de Visão um arsenal de gestualidades específicas das personagens que compunham uma biblioteca de gestos, um arquivo reconhecido por todos. Isso teve sua importância, sim, não há dúvida; se, por exemplo, em Campo de Visão, em pleno improviso, tal ator assumisse uma gestualidade específica, todos os outros compreendiam claramente a personagem que o ator acabara de assumir. E isso oferecia uma baliza inequívoca para que o jogo acontecesse.

Cena de *Ifigênia*.

Mas descobri, ao longo dos ensaios, que é preciso ter cuidado com essa objetividade que supostamente oferece segurança. A gestoteca se mostrou importante, sim, ao processo, e posso mesmo dizer ao longo de todo tempo que a peça esteve em cartaz, mas ela também se mostrou como armadilha. Isso porque os atores podiam, em um momento de grande instabilidade ou fraqueza, se apoiar numa gestualidade prevista da gestoteca para se "salvar" em cena, sem o preenchimento pertinente ou a devida razão de ser. Não nos esqueçamos de que *Ifigênia* era uma peça improvisada – instabilidade, insegurança, fraqueza são comuns aos atores nesse lugar, e os atores ali clamam por salvação, algo instintivo e natural. O improviso potencializa as incertezas, e não é sempre que lidamos bem com elas. Na verdade, não queremos lidar com elas, clamamos por certezas e lugares seguros! Ou seja, com esse sentimento, a gestoteca se tornava antes uma tábua de salvação ao ator, e não um "acontecimento" daquela figura humana inserida em sua circunstância. A armadilha da gestoteca era seu cunho fortemente mecanicista. Poderia se tornar antes um apelo do que uma proposta criativa.

Então, como utilizar a potência da gestoteca em toda sua dimensão? O que fui descobrindo aos poucos com a aplicação do Campo de Visão é que o que interessava não era necessariamente o desenho exterior que um ator porventura realizasse, nem necessariamente o conteúdo da personagem – não está aqui em debate o longo conflito entre forma e conteúdo (sem me furtar à questão, deixo claro que me alio à reflexão já há muito processada que FORMA É), mas, sim, que em ambos existe algo que os intersecciona, os conecta, que não mostra de fato seus traços distintivos inequívocos, pois é pertencente à inteireza da manifestação do ator: trata-se da frequência. Aos poucos em Campo de Visão, e no decorrer das apresentações, fui ajustando essa noção, propondo que os atores em jogo afinassem seus corpos antes pela frequência do personagem do que necessariamente pelo gesto expressado. E o que se viu, para espanto de muitos, é que uma personagem pode se estabelecer quase que desprovida de expressividade específica. Durante o processo, tal espanto foi se mostrando verdadeiro. Se a atriz assumisse, por exemplo, Ifigênia através daquela frequência, ela poderia expressar qualquer gesto, que Ifigênia ali estaria. Ou não fazer gesto nenhum. A frequência vai ao encontro das latências do arquétipo; posso talvez mesmo dizer que a frequência é a própria manifestação do arquétipo, e arquétipo não necessariamente tem uma forma específica, ele transcende no espaço-tempo como potência e pode se materializar de inúmeros modos diferentes.

Essa descoberta foi valiosa ao processo e, posso mesmo dizer, a toda minha trajetória de diretor, ator e professor de teatro que lida diariamente com a ideia da expressão, tema fundamental das Artes Cênicas. E garanto que não para sempre conquistada. Talvez não seja coisa para se ter domínio. É coisa para se colocar em busca constante. Ou seja, a própria busca é a única forma de acessar as frequências. O próprio espetáculo era uma busca constante. Busca pela manifestação e por ajustes das frequências todas. Daí seu grande risco. Daí sua beleza!

Costumo dizer que *Ifigênia* é o espetáculo que eu mais dirigi sem ter controle do que de fato aconteceria na cena no momento de sua apresentação. Incrível paradoxo! A cada novo estímulo que propunha nos ensaios, a cada encaminhamento na preleção antes da apresentação da peça, a cada reunião logo após o final da apresentação, é que a direção acontecia. Toda ação era seguida de uma grande reflexão em forma de conversa em que eu expunha inúmeras variáveis que aconteceram ou não no jogo cênico, e de certo modo estimulava os atores a se colocarem sempre abertos às variáveis todas, ao mesmo tempo que esclarecia a importância da escolha. Não se podia furtar, se privar da escolha. O gesto criativo se torna artístico, pois passa pelos crivos da ordenação, da organização e da estruturação, elementos constituintes da escolha. Era preciso se colocar no fluxo sem perder a dimensão condutora. Conduzir-se no fluxo coral e escolher a cada segundo de acordo com a coerência interna do que estava acontecendo, somada à coerência da história que estava sendo contada, ou seja, a história de *Ifigênia*.

Lembremos, tudo era improvisado em Campo de Visão, todos os atores agindo em coro-mar, e qualquer ator podia assumir a onda-personagem a qualquer momento, bem como a qualquer momento um outro ator podia se aliar a ele e fazer uma dupla do mesmo personagem ou uma trinca, ou se mostrar na cena um coro de Agamemnon ou um coro de Clitmnestra; tudo sem perder o fio narrativo e a noção de tempo de cada coisa... e nesse ponto outros aspecto fundamentais do processo foram desenvolvidos: a noção de tempo-ritmo e duração.

Quanto tempo deveria durar cada escolha? Como que minha escolha da duração desse gesto, desse solilóquio afeta a dinâmica rítmica do todo? Como ter noção de que essa escolha, de fato, potencializa meus colegas em cena e a atenção do público? Perguntas complexas. Difícil respondê-las de forma direta. As variáveis são enormes! O fato é que, ao longo dos ensaios, essas questões foram debatidas e analisadas, pois se mostraram desde cedo fundamentais. Assim que a dramaturgia foi finalizada e começamos de fato a improvisar as oito cenas constituintes da peça, a primeira coisa que fiz para dimensionar o tempo-ritmo do espetáculo foi propor uma duração mínima e uma máxima do acontecimento cênico. O espetáculo não poderia ter menos do que 55 minutos nem mais de 70 minutos. Essa margem de 15 minutos me pareceu ser um bom tempo para que os atores compreendessem a dinâmica a cada dia instaurada por eles. Os ensaios mostravam que algo que durasse menos de 55 minutos se mostrava ansioso e sem aprofundamento ou sem instauração de climas atmosféricos; mais de 70 minutos tornava-se enfadonho, o jogo cênico perdia a urgência da história, o galope em busca do golpe final. É importante salientar que, ao longo das temporadas de *Ifigênia*, o relógio insistia em mostrar ao fim do espetáculo 62, 63, 64 minutos de duração; muitos dias seguidos os tempos se repetiam, cravados! Fato que sempre me pareceu incrível. Os atores afinavam em si coletivamente um tempo por pura consonância. Campo de Visão agindo na veia. Ao reparar essa incrível constância, alegria e satisfação enormes sentia este que escreve estas linhas.

De fato, o Campo de Visão promove uma sutil interação entre os atores. E não somente de um para com o outro, fato que por si só já seria relevante. Mas promove interação entre todos com tudo, porque antes conectados à atmosfera que gesta e regula ao mesmo tempo. Cada ator é, simultaneamente, parte e todo. E não em um momento a parte e noutro momento o coro. É mar! Todo o tempo. Antes somos coro. O mar como força substantiva e suas ondas como força adjetiva. E por vezes o adjetivo se substantiva e noutras o substantivo se adjetiva... ênfase. Tudo uma questão de ênfase.

Outro elemento importante que balizava a questão rítmica eram os Pontos Zeros. A peça era constituída por oito cenas; entre elas, um Ponto Zero. Se se tratasse de literatura, o Ponto Zero em *Ifigênia* seria algo como um novo parágrafo ou um novo capítulo da história. No espetáculo, os Pontos Zeros eram os únicos momentos marcados. Marcados com extrema meticulosidade. Não somente em sua forma original, o U, como já dito, mas de oito maneiras diferentes. Nos Pontos Zeros se entoava uma canção específica. Ali, o posicionamento espacial era sempre o mesmo. Ali, a luz era absolutamente recortada e definida. E sempre a mesma. Essa característica contrastava com o que acontecia entre cada Ponto Zero, tudo absolutamente improvisado em Campo de Visão. Esse contraste formal muito ajudava a dinâmica. Os atores sabiam que, logo após o Ponto Zero 1, deveriam contar a história com todos os seus ingredientes sem perder de vista o Ponto Zero 2, e assim por diante. Entre cada estação, o acontecimento não podia perder sua justeza. E justeza muito tem a ver também com a noção rítmica dependente da duração de cada escolha feita pelos atores em improviso. O fato de os Pontos Zeros serem marcados em momentos específicos da história colaborava com a noção coletiva de sua evolução e de seus acontecimentos e intensidades. Um ator que porventura assumisse um solilóquio de Menelau argumentando a favor do sacrifício de Ifigênia deveria ter em mente sua condução para que o todo chegasse ao novo Ponto Zero com uma intensidade adequada àquele momento da história. Do mesmo modo e talvez ainda mais complexo, quando muitas pessoas passavam a conduzir, por exemplo, o mesmo solilóquio de Menelau, além de se aterem à dinâmica que o coletivo ia gestando, cada ator não poderia perder a noção do

CAMPO DE VISÃO: UM EXERCÍCIO DE ALTERIDADE

todo se encaminhando para o próximo Ponto Zero. Para isso, muito estudamos, ao longo dos ensaios, um gráfico de intensidades que a história descreve em seu percurso e que é necessário para que a contundência de seus acontecimentos se instaure. Cada ator deveria ter domínio absoluto dessas intensidades para abrir-se às suas possíveis variações. E tudo isso em coro, em ações não previamente determinadas, nem evoluções previamente marcadas ou coreografadas.

Em artigo publicado na *Rebento: Revista de Artes do Espetáculo*, escrevi a seguinte reflexão a respeito da relação entre Campo de Visão, Coro e Ifigênia:

E o Coro improvisa[2]

Agora, depois de um ano em cartaz, teço aqui algumas reflexões a respeito do espetáculo.

Por ser uma peça improvisada, *Ifigênia* exige dos atores um tipo específico de atuação. Todos sabem o texto de cor. Todos e qualquer um podem interpretar qualquer um dos personagens a qualquer instante da peça. Em um dia de apresentação, por exemplo, um ator pode interpretar Clitmnestra em uma cena, Agamemnon em outra e Aquiles em uma terceira... Isso pode parecer surpreendente devido à dificuldade de tamanha empreitada. Porém, gostaria de ressaltar que não é na interpretação dos personagens protagonistas que se ancora a encenação de *Ifigênia*. É no Coro que ela se ancora. Se os atores podem interpretar qualquer personagem em uma apresentação, eles nunca deixam de ser e de pertencer ao Coro. Posso afirmar, depois de um ano de ensaios, de um ano de temporada e depois de inúmeras conversas com os atores antes e depois de cada apresentação, que o mais difícil é se entender fazendo parte de um Coro. E de um Coro que improvisa livremente sem deixar escapar o fio narrativo da tragédia.

Porque a improvisação é um lugar em que o indivíduo encontra espaço para experimentar, para criar, para reverberar e fazer opções a partir de suas necessidades individuais dentro da dinâmica do jogo. A improvisação é um lugar em que o "eu" está livre de marcas predeterminadas pela direção, sejam elas espaciais, rítmicas ou intencionais.

E é exatamente nesta contradição que opera a força do Campo de Visão. Nele quem improvisa é o coletivo. E o coletivo adquire no próprio fazer a dinâmica necessária para ele se desenvolver. É durante o fazer que o coletivo descobre os limites necessários para que a linguagem se estabeleça. E isso jamais pode nascer da vontade de um indivíduo apenas. Cada ator deve estar profundamente conectado

---

[2] Lazzaratto, 2013, p. 158.

com o outro e com a história que estão contando. Deve fazer suas opções vinculadas às necessidades de todos e às necessidades das circunstâncias ficcionais. O Campo de Visão gesta, assim, uma Estética que traz em seu gene uma Ética em que as ações individuais transformam o coletivo bem como a coletividade transforma o indivíduo, não em uma relação de causa-efeito, mas simultaneamente.

O ator se percebe pertencente a algo maior do que ele, e a partir daí passa a fazer suas escolhas. Não é tirada do indivíduo a possibilidade da escolha, mas que ela surja da interação profunda com o todo atuante. Para isso, o ator deve se impregnar por tudo o que o cerca. Seu corpo cotidiano deve se tornar um corpo-perceptivo aberto às impregnações. Exercitar profundamente a alteridade. Entender/sentir como um "outro-seu" as palavras do texto e suas imagens, o som, os espectadores, os outros atores, o figurino, o espaço, a luz, ou seja, todos os elementos que compõem a cena teatral.

Porque ao se jogar o Campo de Visão o ator passa a perceber com maior nitidez tudo que o cerca, tudo que o atinge, tudo que o move. Ele adquire a compreensão de que é afetado pelas coisas e que isso o modifica, o transforma. Ele se torna mais permeável, ele se coloca de fato em interação, em diálogo com as coisas. Essa permeabilidade livra-o de imagens e julgamentos preconcebidos e essa permeabilidade o coloca no jogo, no presente, na ponta do instante, enfim, o coloca de fato na experiência. Ali ele não vai experimentar algo porque ele se percebe constituinte da experimentação; ele faz parte, está inserido, ele se presentifica, ele está de fato no aqui e agora.

No Campo de Visão aprende-se que, se minha escolha exclui o outro, acabo me excluindo, e isso se evidenciava nos ensaios de *Ifigênia*. Se, por exemplo, uma atriz escolhesse fazer uma ação violenta sem levar em conta a delicadeza, a violência perdia a razão de ser; porque o ser humano carrega em si ambiguidades, e, em cada momento, o que fazemos não é optar por uma coisa ou outra, mas, sim, enfatizar aquele aspecto daquela coisa. É tudo uma questão de ênfase. A força da escolha criativa é escolher sem excluir, seja o que for. E esse momento de aguda tensão vai ao encontro das escolhas e das tensões operadas na tragédia. É aqui que tema e linguagem em *Ifigênia* se entrelaçavam porque nasciam da mesma necessidade e urgência e impulsionavam o indivíduo/ator a agir; e o espetáculo se potencializava. Quando entendemos isso, tocamos de fato nos problemas humanos; vivemos, sim, em contradição, e o ator, na cena, não pode deixar de conviver com isso, porque a expressão de nossas contradições talvez seja de fato a sua arte.

Esse exercício de alteridade somado à necessidade de manter o fio narrativo da tragédia trazendo consigo a sensação de pertencimento foi, de fato, o maior desafio para os atores em *Ifigênia*, porque em nenhum momento o espetáculo podia perder as características que o definiam como linguagem. Ou seja, a cada dia de apresentação, *Ifigênia* era um outro/mesmo espetáculo. A cada dia, um movimento coral diferente, atores interpretando personagens diferentes, a luz incidindo sobre os atores de maneira diferente, a música e os ruídos dialogando livremente com os atores na cena; porém sempre a mesma Ifigênia, da Cia. Elevador, tendo como linguagem o Campo de Visão.

Coro louva a deusa Ártemis.

ONDA/COREUTA
Ifigênia, nesta hora, verá Agamemnon.
Deverá, então, alegrar-se.
Deverá, então, passar por sua mãe e lançar-se aos braços do pai.
ONDA/IFIGÊNIA
Mãe, não te aborreças com o meu impulso!

ONDA/CLITMNESTRA
Não, minha filha; você está certa.
De todos os filhos que gerei, você foi sempre a mais querida por teu pai.

ONDA/CLITMNESTRA
Quanta alegria eu sinto, pai, depois de tanto tempo sem te ver!

ONDA/AGAMEMNON
Teu pai também. Tuas palavras, Ifigênia, são as minhas também.

ONDA/COREUTA
O rosto de Agamemnon.
Ele agora deverá estar preocupado.

ONDA/IFIGÊNIA
O que te preocupa, meu pai?

ONDA/AGAMEMNON
Um rei, um comandante de tantos soldados,
Tem mil motivos para estar preocupado.

ONDA/IFIGÊNIA
Esquece o mundo por mim.

ONDA/AGAMEMNON
O meu coração e o seu coração são um só coração.

ONDA/COREUTA
Cala teus pensamentos, Agamemnon,
A verdade deve esperar.

Dessa forma o texto era grafado. As diretrizes gerais da encenação se tornaram elemento essencial da dramaturgia, e assim os atores podiam ter em suas mãos, ao alcance dos olhos, a constante e diária percepção sobre a integração entre onda como personagem e mar como coro. Como o trabalho de pesquisa é continuado e os elementos, ideias, imagens, conceitos, procedimentos vão se interseccionando ao longo dos anos, não necessariamente em uma relação de causa-efeito, a síntese mar/onda que eu trouxe para *Ifigênia* deve ter começado a adquirir seu contorno ainda em meu projeto de doutorado oito anos antes, "Arqueologia do ator", em que propunha uma escavação na interioridade do ator, camada sedimentar por camada sedimentar, a ponto de superar a dimensão da memória individual e adentrar num território fluídico em que todas as manifestações humanas existem, tanto as já processadas quanto aquelas ainda à espera de uma forma genuína de expressão. A tese ali defendida, "o ator não interpreta personagens, mas manifesta heterônimos", nasceu do meu encontro com o "eu-paisagem" de Bernardo Soares, semi-heterônimo de Fernando Pessoa, com o "sou vários, contenho multidões" de Walt Whitman, somados à percepção desenvolvida ao longo de muitos anos como professor e diretor de teatro que, *grosso modo*, se surpreendeu, ou posso mesmo dizer se espantou, ao ver atores e atrizes muito jovens manifestarem integralmente personagens com complexidades muito superiores aos poucos anos de vida deles, indicando que talvez esse artista da cena seja capaz de operar em uma região infrainterior em que possa acessar materiais vastos pertencentes a qualquer época e/ou lugar. Esse território, essa paisagem, à época do doutorado, líquida – paisagem líquida – fez com que cunhasse um termo, "riovivoso", inspirado em Joyce e seu *Finnegan's Wake, riverrun, riverrun, riverrun*, para dar conta da "imagem" que me acometia ao imaginar esse espaço potencial que reúne o particular e o universal, sem cronologias, pertencentes a todos e a qualquer um.

O "eu-paisagem" foi processado praticamente no Campo de Visão em 2008 durante alguns meses iniciando os trabalhos de esvanecimento dos contornos, pesquisa essa que voltou com mais força na montagem de *O Jardim das Cerejeiras*, de Anton Tchékhov, que teve sua estreia em 2014 e que será matéria do próximo capítulo deste livro.

Por ora, o que vale ressaltar é que o mar/onda de *Ifigênia* muito tem a ver com o entendimento sutil processado no "riovivoso" – termo por mim cunhado na "Arqueologia do ator" –, aquela região líquida e fluídica em que o indivíduo encontra em si o coletivo, e o coletivo se instaura no indivíduo. Onda/Ifigênia, Onda/Agamemnon, Onda/Clitmnestra, sutis e específicos desenhos de um mar de possibilidades que gesta e flui suas marés ao longo das eras e dos tempos. O mar somos sempre todos, todos, as ondas somos cada um, repletos de mar, repletos de todos. Eis a ética profunda do Campo de Visão, e que o espetáculo *Ifigênia*, a seu modo, experimentou.

Daí a importância do coro nesse trabalho. Tudo advinha dele. Ele estaria por baixo de tudo, amparando e semeando cada gesto e cada ação, o coro como latência do próprio mito, mito dos Átridas. Em face dessa correlação, comecei a empregar durante os ensaios o termo "coro latência". Para que, de fato, a imagem Onda/Ifigênia acontecesse, o grupo de atores deveria estar em constante contato com a latência do mito. O mito como coro, o mito como mar; e a personagem que por ora alguém desenhasse na cena, como onda. A cada ensaio, a cada dinâmica, chamava a atenção dos atores para esse propósito. Esse era, na verdade, o verdadeiro propósito, e o Campo de Visão com suas características foi o território certo e fértil para que isso se instaurasse e se desenvolvesse.

Para minha alegria, *Ifigênia*, além dos inegáveis aspectos artísticos conquistados para a nossa pesquisa em linguagem cênica, estimulou vários trabalhos acadêmicos, artigos, dissertações e teses, ampliando consideravelmente a transmissão do conhecimento ali processado. Um deles foi o mestrado de Rodrigo Spina, por mim orientado, que, como professor de voz, desenvolveu em sua tese um olhar específico da voz no Campo de Visão. A certa altura do texto,[3] embrenhado em sua experiência de ator em *Ifigênia* e ainda sobre o tema "coro latência", ele descreve com clareza as variantes de coro que eu estabeleci durante os ensaios de acordo com a dramaturgia. Os atores deveriam compreender essas variantes para que, a partir delas, suas escolhas criativas dentro da dinâmica improvisada em Campo de Visão se estabelecessem. Segue tal descrição:

Quando recebemos a versão final do texto de Ifigênia, detectamos algumas qualidades narrativas que seria importante que distinguíssemos para que a questão contemporânea da necessidade da peça fosse esclarecida por nós. Além de todo pensamento estético sobre mar e onda advindo do Campo de Visão, algumas figuras com diferentes qualidades de narração e estado foram balizadas pelo diretor:

CORO LATÊNCIA – O elenco, nós atores, o mar mais profundo, de onde tudo será gestado. A metalinguagem discreta onde os atores estarão prontos no Ponto Zero para criar um mundo ficcional de onde Ifigênia brotará. O silêncio fundador, fertilizado pela fábula.

EURÍPIRES – Um apelido carinhoso que demos ao nosso autor contemporâneo, Cássio Pires, que se faz presente vendo essa criação de Eurípedes no momento

---

[3] Castro, 2012, pp. 109-110.

atual. "Eurípires" tem a ironia dos momentos atuais, tem a consciência acumulada de Eurípides expandida para os dias atuais, sem demonstrar sua adaptação por elementos didáticos. Eurípires é o nosso homem atual que cria a tragédia de Agamemnon, tornando-se seu conselheiro, seu carrasco, seu guardião e até mesmo seu próprio espelho. A voz de nosso autor sobre o mito.

CALCAS – O adivinho. Aquele que, por suas palavras, sentencia o futuro de Agamemnon. Além de narrador, Calcas é grego e, assim sendo, surpreende-se a cada informação descoberta de seu herói e se compadece com ele.

CORO das mulheres de Cálcis – O coro tradicional presente na tragédia de Eurípides. O olhar do espectador é colocado em cena pelos atores. O coro que assiste e lamenta: "Que os deuses não nos notem!", finalizando a peça.

CORO de soldados – Guerreiros gregos que pressionam e questionam Agamemnon sobre a falta de ventos favoráveis: "Dez mil homens que desejam Troia e sangue".

E, para além deles, os atores podiam, na dinâmica do improviso, fazer surgir um coro de Ifigênias ou um coro de Agamemnons, de acordo com as necessidades do jogo naquele momento. Variáveis latentes do coro que, de acordo com as frases do texto, deveriam ser ministradas com esse ou aquele teor. Ironia, compaixão, advertência, clarividência eram palavras condizentes a cada uma dessas latências e que deveriam de alguma forma servir de base à expressão gestual e vocal dos atores. E tudo isso acontecendo de maneira muito rápida: em uma frase, por exemplo, o tom seria de Calcas, o adivinho, na frase seguinte uma Ifigênia poderia responder seguida de uma ironia distanciada do autor a conduzir a história e seus personagens. Os atores deveriam estar muito antenados a todas essas variáveis para poder jogar com elas livre e criativamente durante o improviso.

Peça em improvisação é exigente. Faz com que aspectos condutores nunca desapareçam, ou seja, era necessário estimular, nos atores, a simultaneidade do estar inserido na trama com o olhar de fora, de quem nunca se desvencilha do todo. Esse foi um dos aspectos muito trabalhados e exercitados durante os ensaios, o olhar de dentro e o de fora, simultâneos. Com eles, os atores poderiam começar o jogo. Sem eles ou sem um deles desenvolvido, a dinâmica se mostrava capenga, com muitas lacunas e poucos preenchimentos, pois um dos mistérios do jogo improvisacional do Campo de Visão é se saber sempre lacunar, porém com variados preenchimentos. O ator que entrar nessa dinâmica muito contribui à ação cênica ali desenvolvida.

Como última reflexão, gostaria de salientar a relação entre o movimento estático e o movimento. É sabido que as tragédias clássicas se estruturavam de dois modos que pouco se inter-relacionam ao longo do espetáculo. Quando a cena está com os atores, nos episódios, seja nos solilóquios do protagonista ou nos diálogos com o antagonista, a ênfase está no estático. A palavra ali é a própria ação, independente da movimentação. Por outro lado, quando a cena se encaminha para os estásimos, ou seja, para a evolução coral, a ênfase está no movimento com seu canto e sua dança. Nunca vemos um personagem dançar e cantar em meio ao coro na orquestra. E quando o corifeu interfere na ação junto aos personagens, ele usa a fala como expediente, e não uma coreografia. Ora, o Campo de Visão, *grosso modo*, trata-se de uma evolução coral, *a priori* muito mais afeita ao movimento.

Quando do início dos ensaios de *Ifigênia*, chamei atenção dos atores para esse ponto: deveríamos ter grande cautela com a movimentação desenfreada. Excesso de movimentação poderia não oferecer o tônus necessário à expressão da palavra, elemento essencial da tragédia. Por outro lado, não deveríamos abrir mão da movimentação, pois nosso desafio era, justamente, realizar uma tragédia em Campo de Visão, que tem em seu cerne o movimento coral que arquiteta o espaço vazio com a volumetria dos corpos, nos mais variados planos e dinâmicas. Então, como proceder? Como entender o estático no movimento? O movimento no estático? Eis mais uma dualidade que o Campo de Visão adora esclarecer.

Como já dito algumas vezes neste texto, tudo é uma questão de ênfase. No Campo de Visão, parte-se do pressuposto de que tudo contém tudo. O mar contém todas as ondas... Descobrir, ou melhor, enfatizar a qualidade estática num movimento é coisa necessária para fazer uma tragédia grega. E vital, se ainda mais for realizada em Campo de Visão. Qual a qualidade que o movimento adquire quando o ator insere nele o elemento estático? Essa busca se deu ao longo de todo o processo de ensaios, e posso afirmar que também durante as apresentações. Porque não é coisa fácil de fazer. O enunciado pode ser simples, aliás como tudo no Campo de Visão, mas certamente não é fácil.

Como inserir a suspensão na movimentação, a pausa no movimento, a reflexão no gesto? Essa era a busca. A sensação de movimento no estático se dá porque há muito movimento em nossas camadas interiores. Quanta intensidade, quanto turbilhão interno sentimos quando nos espantamos com algo. Se no movimento exterior se percebem as intensidades típicas do estático, naturalmente o movimento exterior adquire novas características, sem deixar de descrever seu percurso original.

E o mesmo ocorre no oposto: um movimento estático se fortalece quando nele entrevemos um turbilhão interno, um jogo de intensidades que ali se movimentam sem cessar. E tal entendimento favorecia o jogo improvisacional, porque a qualquer momento um colega poderia entrar com você na mesma dinâmica, no mesmo movimento, na mesma intenção, e, para isso, a percepção--sensação do estático no movimento oferecia brechas e clareza para que a entrada acontecesse plenamente.

Outro aspecto importante dessa relação: para que a palavra trágica adquirisse sua coloração devida, o ator em Campo de Visão deveria gestar em si e através dos outros as intensidades todas daquele dilema humano. Posso afirmar que o Campo de Visão, por ser coral e exercitar a alteridade, amplifica a potência do indivíduo, ele tem outros tantos que o auxiliam... Mais do que isso, o Campo de Visão se mostrou muito potente à tragédia, pois é de seu cerne a alteridade. O ator não precisa buscar somente em si todas as paixões, dores e alegrias. Como atores, sentimo-nos muito pequenos diante da potência daquelas criaturas, fato que todo ator sente quando depara com as tragédias. Mas, através do Campo de Visão, o ator, ali na dinâmica, é já um ser amplificado, adquire uma maior dimensão, pois ele é vários, contém multidões! Todos na cena, sejam os atores ou os personagens e seus imaginários, o som, o espaço de representação, o espaço ficcional, vibram nele, com ele e através dele. Há muita coisa acontecendo em seu movimento estático! Muita movimentação!

Posso mesmo dizer que esse obstáculo foi a semente que me fez entender a questão da frequência já aqui descrita quando estávamos inventariando a gestoteca de cada personagem. Quando um ator ou um grupo de atores chegava a uma síntese gestual do personagem, era nítida a sensação do estático no movimento. Aliás, se bem me lembro, todos os gestos selecionados e que se mantiveram potentes durante as temporadas continham tal característica; e quando eram gestados, antes de reconhecermos seus contornos formais, sentíamos e elaborávamos a frequência daquele arquétipo traduzido como Agamemnon e Clitmnestra.

Assim, o entendimento da dualidade – movimento estático/movimento – fez com que a palavra também adquirisse seu lugar de expressão como ação em Campo de Visão. A movimentação não atrapalhava nem confundia seus conteúdos. Os atores individualmente, em duplas ou em grupo, conectados e agindo sobre os códigos do Campo de Visão, desenvolveram muito sua capacidade expressiva com ênfase na palavra argumentativo-poética dos personagens.

Muito poderia ainda elaborar aqui, a distância, o encontro entre procedimentos e conceitos experimentados no processo de *Ifigênia*. Mas achei por bem trazer aqui também a visão, as sensações e as reflexões dos atores que participaram do projeto de pesquisa. Seguem os seus depoimentos, verdadeiros artistas, parceiros de longa jornada e que contribuíram de maneira decisiva à realização dessa obra tão importante e significativa de minha trajetória. Ouvir quem estava lá dentro, no olho do furacão, sendo jogado de um lado para o outro e sem perder os fios condutores da história, pareceu-me fundamental, pois creio que amplifica a experiência e dá à transmissão do conhecimento, principal razão desse trabalho, outros tantos matizes. Se antes já os trazia em meu coração pela dedicação, pela persistência e pelo talento demonstrados no processo, agora agradeço mais uma vez por terem aceitado prontamente meu convite de tecer algumas linhas sobre o tema: *A escolha poética do instante.*

Carolina Fabri – atriz

Ifigênia

Tesoura e caneta sobre o original de Eurípides.
O porto de Áulis.
O herói arde em fogo, feito no atrito das pedras da ordenação do mundo e do desejo do
indivíduo.
Texto fixo para cena improvisada.
Toda noite, eles contariam a mesma história, sob o risco de uma nova encenação.
Poema para o verbo dever.
Uma onda é uma onda.
Ondas juntas são o mar.
(Prólogo de *Ifigênia*, de Cássio Pires)

Como controlar o mar?
Observar, surfar, afogar, rolar, tomar um caldo, sacudir a areia, tentar de novo. Do raso para o fundo. Andar. Pé ante pé. Perder o chão. Boiar, nadar contra a corrente, furar a onda, ir para onde ela se forma, juntar-se a ela, ser ela, surfar sobre, com...
Controlar? Não.

Ensaios

Como se ensaia uma peça improvisada? Ao longo do processo, fui descobrindo que ensaiamos o campo das possibilidades. Ensaiamos a escuta entre os atores, ensaiamos o conhecimento perceptivo sobre os outros, sobre nós, sobre nós nos outros e sobre os outros em nós. Jogar-criar o Campo de Visão dia após dia, com a mesma equipe, vai desenvolvendo em nós, atores, um campo de atuação onde as estruturas (que são móveis, pois em constante fluxo) vão ficando cada vez mais claras e contornadas e se tornando ferramentas de criação para a cena. Ferramentas para a construção imediata daquela cena que no minuto seguinte se desvanecerá para dar lugar à próxima. Como a onda e o mar (imagens- -síntese desta criação). A água-mar está e em seus movimentos de maré, refluxa, puxa, forma a onda, então a onda é, acontece e desvanece em espuma na praia para ser água-mar de novo.
Ao longo dos dias de ensaio, fomos criando um vocabulário comum. Vocabulário corporal, imagético, temático, gestual, e de estados. Como as palavras que

aprendemos ao longo da vida, esse vocabulário se torna um arcabouço de onde você tira as partes para construir o todo da cena, com aquela linguagem específica, com aqueles atores específicos, com aquela condução específica. E do campo de possibilidades a cada instante você faz uma escolha, que influencia e é influenciada pela escolha do outro.

Você tem a plena sensação de que é um indivíduo e um coro ao mesmo tempo. A ideia de simultaneidade se estabelece concretamente no tempo e no espaço. E aqui, nesse espetáculo, há uma narrativa a ser cumprida. Um ponto específico de partida e um de chegada. A história do peso das decisões individuais e das decisões coletivas precisa ser contada. A história da espera de 10.000 homens pelo vento que os levará para a glória precisa ser contada. A história do sacrifício de Ifigênia precisa ser contada. A história da escolha de Agamemnon precisa ser contada.

Agamemnon compreende. Agamemnon não compreende.

A história, a narrativa era a régua primeira do jogo. O texto, que todos sabíamos, era o mapa que precisava ser respeitado, vivido, contado. Mesmo que a cada dia de uma maneira diferente. Mesmo que em dois dias ele acontecesse exatamente igual.

Apresentações

A placa sobre a areia.
O homem ante a placa.
Seus olhos voltados para a alma.
Aos grandes, cabe dizerem não a si mesmos.

Como achar a medida de uma peça improvisada? E que em improviso tem que cumprir um caminho onde a mesma história é contada? O estado de atenção dos atores tem que estar ligado no 220 volts, por assim dizer... Passado, presente e futuro coexistem a cada escolha. Como foi dita a última frase? Como digo agora essa sequência? Que futuro essa escolha gera? Isso a cada segundo. Diante do público que percebe (ou não) a escolha sendo feita na hora. Será que o campo de possibilidades fica claro ao espectador? Será que isso importa na recepção da cena? Saber que essa escolha foi feita agora e não há um, dois, quatro meses em uma sala de ensaio? (Sendo que a escolha de agora carrega em si o campo construído nos meses da sala de ensaio.)

Onde as coisas se acabam, Agamemnon?

Cada apresentação proporcionou a cada artista envolvido um fragmento da realidade espetáculo *Ifigênia* sendo. Digo sendo, pois que acontecendo diante do público. Peça fundamental para que o sentido de um espetáculo se complete. Em um improvisado, isso entra com lente de aumento. Pois todos os elementos que constituem aquela apresentação específica que nunca se repetirá (será que também não é assim em espetáculos marcados?) são componentes para a percepção do ator. São instrumentos com os quais ele constrói sentido em cena. O campo de visão treina, amplia, dilata essa percepção de que o acontecimento teatral (esse mistério que acontece entre o palco e a plateia) é um conglomerado de elementos, vetores, estados, escolhas, vivências coligadas entre si de determinada maneira a criarem um sentido para que a comunicação se estabeleça. Para que as relações se estabeleçam. Em um espetáculo marcado ou improvisado.

Elemento fundamental e fundante para a criação deste espetáculo improvisado: o olhar. Se o mar é, quem cria o mar? Qual a fonte de onde emana a água que forma o mar? O olho que vê. O olho que cria. O olho que inventa. Aqui chamo de olho o criador-condutor do campo de visão, o diretor do espetáculo, o disparador do impulso que nos fez adentrar este universo. Olho que diz, que reflete, que observa, que pauta, que é afetado, que desequilibra e se desequilibra, que conecta. Que conduz o descobrimento das ferramentas adequadas ao mesmo tempo que é surpreendido por elas. Isso é imenso.

Tempo

Os grandes, os pequenos, nenhum homem é dono de si.
O meu coração e o seu coração são um só coração.

Quase dez anos separam o começo dos ensaios de *Ifigênia* do dia de hoje, quando assisto ao vídeo de uma de suas (nossas) apresentações e escrevo estas palavras, reflexos, reflexões. Vivo dois tempos em um só. Me transporto animicamente a 2012, no palco do Sesc Belenzinho, mas estou bem aqui, em pleno 2021 pandêmico. As lágrimas que molham meu rosto decorrentes da cena pertencem aos dois anos. Mas daqui observo uma coisa que lá eu intuía e achava entender, mas não completamente. O Campo de Visão com suas leis próprias (que é apenas uma e infindamente ampla e coletiva) comporta lindamente as brechas, mistérios, falhas, erros, esboços, incompletudes, e necessita delas pra ser em plena potência. Como um pulmão que se enche e se esvazia para deixar correr a vida. E tem tosse, secreção, espasmo, soluço, engasgo. A dura lição de que o controle sobre as coisas é mais que uma ilusão. É tentar aprisionar o próprio tempo e o espaço, e assim eles o deixam de ser. Que a vida é fluxo. Mesmo. E, portanto, não há controle absoluto. Ao fim de cada apresentação, sempre saía com a sensação de partes boas e partes ruins. Uma constante reflexão do que funcionava e do que não. E isso é imensamente importante para o processo. Mas a grande sacada que vejo agora é que de alguma maneira temos que entender que na criação esse paradoxo existe o tempo todo. Há que se buscar a melhor ferramenta para aquela linguagem específica, há que se ter um constante trabalho sobre si, ao mesmo tempo que há de se ter uma profunda generosidade com a falha que essa busca propõe e trará. E não por condescendência. Mas porque essa falha, essa rachadura, esse mistério é o que fará a criação ser vida e se inscrever em seu tempo. Em sua era. Ter ar. Ser respirável. Ser falível. Ser humano.

Daniela Alves – atriz

Pensar sobre *Ifigênia* como um processo que existe pela poética do instante é pensar num duplo movimento. O primeiro como um chamado de Ártemis, numa identificação ancestral com passado/futuro que acontece no aqui, presente; a partir daí, torna-se possível esculpir persona e personagem e fazer brotar esse eu que somos nós, corpo que se envolve e se atravessa pelo caos. E só depois disso, depois que o corpo pode estar em posse dessa ferramenta caos, que o Campo de Visão tem potência para gerar, depois disso, de todas as possibilidades de universos explodidas no espaço cênico, podemos nos entregar à tarefa de dar contorno aos instantes. Efêmeros e em constante construção. Ocorreria, assim, a ação, a cena, a narrativa, a praia, a linguagem. O contorno do momento em que somos. Gosto de pensar que esse processo poético buscava um "instante atemporal".

Manfrini Fabretti – ator

Todo o processo de *Ifigênia* está muito marcado em mim, a potência que o Campo de Visão tem em colocar o ator presente no palco é tão grande que pode até abalá-lo quando este "quer" estar presente. É um jogo sutil e de ação constante, e quando o ator encontra essa sutileza é uma das experiências mais maravilhosas que se pode ter no palco. *Ifigênia* e Campo de Visão: a escolha poética no instante... O Campo de Visão amplia a percepção no palco: a respiração, o som, o gesto, o estado de emoção, tudo pulsa junto, é vida. A escolha acontece no momento em que todos, entregues a essa pulsação única, somando instante a instante, se configuram em imagem poética potente e que afeta, dilata e expande até o público. Mas que no instante seguinte se desconstrói, abrindo o Campo para um novo ciclo de instantes.

Pedro Haddad – ator

O treinamento da intuição como base do processo de atuação cênica em *Ifigênia*

Marcelo pediu para que nós, atores e atrizes participantes da peça *Ifigênia*, escrevêssemos uma "breve reflexão" sobre o processo. Difícil escolher por onde começar, ou que recorte fazer. *Ifigênia* (que tinha como dramaturgia uma adaptação da peça *Ifigênia em Áulis*, de Eurípedes, escrita por Cássio Pires) foi totalmente feita em Campo de Visão, procedimento improvisacional que está na base do trabalho de pesquisa em linguagem teatral desenvolvido pela Cia. Elevador de Teatro Panorâmico há mais de 20 anos. Digo "totalmente", pois o Campo de Visão, neste momento, se consolidou como processo e como linguagem artística. Na verdade, pelas premissas de alteridade envolvidas nesse jogo, o processo e a linguagem são equivalentes e se interpenetram, e só se mostram separados aqui, pois não há uma palavra clara que abarque as duas definições juntas. Talvez pudéssemos usar "processo/linguagem". Isso. O Campo de Visão seria um "processo/linguagem".

Na peça *Amor de improviso*, o Campo de Visão já se apresentou como linguagem cênica e, ficando em cartaz (com algumas interrupções) por mais de oito anos, foi um terreno fértil para verificação, experimentação e treinamento desse procedimento (agora também linguagem). Mas a consolidação mesmo veio com *Ifigênia*, pois o Campo de Visão, amadurecido, dialogou com elementos teatrais que fizeram com que o espetáculo flertasse com o desenvolvimento de uma nova cosmogonia teatral, se firmando como linguagem inovadora e potente. Em *Ifigênia*, a identidade da Cia. Elevador ficou clara, principalmente para nós, integrantes do coletivo. Digo que, em *Ifigênia*, compreendi o processo artístico em mim. Compreendi a criação coletiva como estruturante para o trabalho. E, como indivíduo e coletivo se misturam, como no Campo de Visão, num processo ininterrupto de alteridade, é difícil fazer uma "breve" reflexão. Então resolvi reler as diretrizes enviadas pelo Marcelo para a feitura deste texto, na tentativa de estabelecer um recorte. Lançou-nos, como estímulo, um pensamento que classificou como "genérico, mas envolvente e que abarca tudo: *Ifigênia* e o Campo de Visão: a escolha poética do instante". Ainda, na mesma mensagem enviada por WhatsApp em 26 de março de 2021 (quase dez anos após a estreia do espetáculo, em 2012), Marcelo recomendou: "Só peço que caminhem na reflexão lembrando das sensações e das conduções gestadas, exercitadas e estabelecidas no Campo de Visão sob a ótica da atuação".

Me prendi ao termo "poética do instante" e, no mesmo "instante", lembrei que a experiência de *Ifigênia*, sedimentada como conhecimento, fez com que eu compreendesse em mim o significado de intuição (e aqui falo, então, pela ótica da atuação). É justamente a intuição que me vem, tanto como uma "sensação lembrada" quanto como uma condução que foi "gestada, exercitada e estabelecida no Campo de Visão" através do processo de atuação em *Ifigênia*. Também me vem a intuição como a mais importante técnica de atuação que foi exemplarmente treinada nesse "processo/obra".

Exatamente de que intuição estou falando? Certamente não daquela que flerta unicamente com o instinto ou com o inconsciente. Mas sim uma intuição que se traduz em ação, que comunica, que pode ser treinada e construída, aquela que faz a ponte entre o que é vislumbrado e o que é concretizado poeticamente em cena. Uma faísca sensível (e por isso sim, um pouco instintiva) que faz com que o ator, preparado e treinado em seu ofício, consiga traduzir o que foi pensado, o que foi sentido, o que foi "intuído", em ação poética. Pois uma intuição que não se traduz em ação não oferece qualquer possibilidade de relação com o outro. E por "outro" entendo todas as outras pessoas presentes do processo teatral, o público principalmente. Sem essa relação o teatro não existe.

CAMPO DE VISÃO: UM EXERCÍCIO DE ALTERIDADE

O próprio Marcelo, em seu livro *Campo de Visão – exercício e linguagem cênica*, fruto de seu mestrado, e publicado em 2011, um ano antes de o processo de *Ifigênia* começar, escreveu sobre intuição no capítulo introdutório "Improvisação, uma necessidade". Não lembro muito bem, mas tenho a impressão de que foi justamente essa leitura que me fez começar a pensar sobre estas questões na época. No livro, o Campo de Visão é esmiuçado e assume duas principais potências. Uma delas é como procedimento criativo, dentro de qualquer processo artístico. O exemplo se dá com a peça *A hora em que não sabíamos nada uns dos outros*, de Peter Handke, onde o Campo de Visão possibilitou a criação e a composição de mais de 150 personagens.

A outra potência do Campo de Visão o coloca como linguagem cênica, e foi experimentada pela primeira vez com o espetáculo *Amor de improviso*, quase totalmente improvisado a partir dos preceitos do Campo de Visão. Em *Ifigênia*, pela primeira, e única, vez, o Campo de Visão serviu como moldura para um texto clássico. O espetáculo foi improvisado em Campo de Visão, só que, diferentemente de *Amor de improviso*, onde cada ator tinha uma persona e um texto, que poderia ser dito em qualquer momento, em *Ifigênia* um único texto foi decorado por todos os nove atores, que, respeitando a ordem dramatúrgica, poderiam assumir qualquer papel – em qualquer momento – dependendo da dinâmica de cada dia de apresentação. O jogo do Campo de Visão se fundiu com elementos míticos teatrais (trazidos pelas questões ancestrais presentes na narrativa), consolidando-o como "processo/linguagem".

Foi isso o que Marcelo escreveu sobre intuição em seu livro: "A intuição, além de ser algo extremamente valioso para qualquer artista, já que se refere a um conhecimento existente, imediato, mas não elaborado como discurso, traz à luz percepções apreendidas em algum momento que, ao tomar partido delas, o ator lança-se em um terreno movediço e transformador" (p. 27) – ou seja, a intuição pressupõe o resgate de percepções apreendidas anteriormente que, através do ator, se materializam em criação cênica, em discurso elaborado, em imagens poéticas construídas na efemeridade do improviso, transformadoras, uma vez que, "se o teatro é efêmero, o improviso é a sua potencialização máxima" (*idem*). Daí fica claro que a intuição pode sim ser construída, pois se refere a um conhecimento existente e, por isso, me refiro a ela como uma das mais importantes técnicas teatrais. De uma maneira simplória: num processo de improviso, de nada adianta uma boa ideia, movida por uma intuição sensível às demandas da cena, sem as habilidades técnico-poéticas do ator para realizá-la. Eu posso intuir que seria ótimo tomar determinada atitude durante um espetáculo improvisado, mas se o meu conhecimento e as minhas experiências anteriores não me fizerem capaz de pôr em prática cenicamente essa atitude intuída, qual será o valor dessa "ótima ideia"?

E como, então, se dá o treinamento da intuição no processo de *Ifigênia*, para que ela permita que o ator se lance num terreno "transformador"? Brinquei aqui e, de maneira "intuitiva", dividi essa resposta em cinco aspectos.

1 – A parte subjetiva da intuição

Essa parte da intuição é constituída por todas as referências que você traz em si como experiência. TODAS. Essa intuição permite que as escolhas cênicas, feitas durante um espetáculo, tragam a identidade do ator que as fez, e o seu modo de pensar e resolver os problemas da cena. Quanto mais referências eu trago em mim, mais possibilidades de ideias e escolhas cênicas eu tenho.

No processo de *Ifigênia* também são incorporadas outras referências, que fazem parte do universo da peça. Estudamos vários aspectos do teatro grego, da produção de Eurípedes e da narrativa da peça em si. Conversamos sobre as características dos personagens, sobre os significados de trazer essa peça a público hoje, sobre os aspectos ancestrais e mitológicos presentes na história. Nos encontramos com especialistas, assistimos a filmes, vimos imagens, lemos outras peças. Povoamos o nosso imaginário como treinamento para nossa intuição cênica.

2 – A narrativa

Todos sabíamos todo o texto de cor. Todos poderiam assumir qualquer papel a qualquer momento. Inclusive mais de uma pessoa poderia assumir o mesmo papel ao mesmo tempo. Ou um personagem poderia ser feito em coro. Muitas possibilidades. Mas as escolhas deveriam ser guiadas pela narrativa: todo o texto precisava ser falado na ordem prevista pela dramaturgia. Isso era uma obrigação. E mostrou-se uma estrutura potente para que a improvisação acontecesse de maneira radical, sem que a narrativa fosse perdida. Para isso, esse texto foi estudado de maneira vertical. Todas as frases, as intenções, as vírgulas. Ele foi jogado incansavelmente em Campo de Visão, e foi dito inúmeras vezes por todos. O texto tornou-se, portanto, uma referência coletiva.

E contribuiu, assim como todos os elementos do processo, para a elaboração de um imaginário comum, necessário à improvisação em grupo e que poderia ser chamado de "intuição coletiva".

3 – "Gestoteca"

No Campo de Visão experimentei em mim todos os personagens da história. Coro, Calcas, Agamemnon, Ifigênia, Aquiles... Também experimentei em mim os outros fazendo esses personagens. Dessa maneira, foi-se estabelecendo, coletivamente, com o olhar atento da direção, uma listagem de gestos característicos de cada personagem que poderia contribuir para o jogo e para a narrativa.

Se hoje o tema do Campo de Visão no ensaio fosse Aquiles, então todos proporiam gestos que traduziriam o personagem em ação cênica. Eu experimentaria os gestos propostos pelos outros. Ao final, os gestos mais potentes eram anotados. Gestos gerados na coletividade. Assim, formou-se um repertório de gestos de todos os personagens que, carinhosamente, chamamos de "gestoteca". Desse modo, todos os atores teriam os gestos já sedimentados em si como conhecimento e, assim, uma base sólida imagético-corpóreo-vocal para assumir qualquer personagem, de acordo com o que fosse intuído.

4 – Procedimental

A peça era jogada em Campo de Visão. Era esse o formato do espetáculo, sua estrutura, sua moldura, sua espinha dorsal. O treinamento para a intuição a partir do jogo é um só: jogar, jogar, jogar. Praticamos o Campo de Visão regularmente desde 2000 e, desse modo, grande parte do elenco já tinha a sua prática como "intuitiva". Mas o Campo de Visão é um jogo coral, coletivo, e cada novo elenco deve treiná-lo para que uma referência comum seja criada. Independentemente do processo.

Então, no processo de *Ifigênia* foi o que fizemos: jogamos. O universo da peça era o conteúdo, e o Campo de Visão, o formato. Mas aqui, mais uma vez, as palavras nos parecem equivalentes (forma e conteúdo). Em *Ifigênia*, tanto a dramaturgia que dividia as falas em mar/coro e onda/personagem (como se todos fôssemos mar e, em determinado momento, assumíssemos um personagem e nos destacássemos como onda para, no instante seguinte, voltarmos a ser mar) como a narrativa da peça, que contrapõe a vontade individual à vontade coletiva, fazem com que o conteúdo tenha exatamente os mesmos princípios que o Campo de Visão: a coletividade e a alteridade. Assim, forma (Campo de Visão) e conteúdo (a narrativa de *Ifigênia*), por terem os mesmos princípios, aqui se equivalem. "Forma-conteúdo" num "processo-linguagem".

5 – Encenação

A proposta de encenação também é elemento que faz parte da construção de conhecimentos a serem mobilizados pela intuição dentro do processo de *Ifigênia*. Marcelo, após cada ensaio e apresentação – e, numa peça improvisada, muitas vezes não existe diferença entre o ensaio e a apresentação –, nos dava um retorno sobre o que havia sido feito, partindo dos objetivos da encenação. Verificava-se se o jogo estava sendo jogado em toda a sua potência, se as nossas escolhas, e suas devidas execuções, haviam contribuído para a construção da narrativa, tendo como base todos os conhecimentos já sedimentados ao longo do processo.

Para mim, esse retorno era o momento de verificar se o que foi intuído foi externalizado em ação cênica a partir das bases estabelecidas pela encenação

6 – A intuição coletiva

Amparada por um extenso trabalho de incorporação de referências, construídas coletivamente de maneira vertical – unicamente possível graças a um percurso compartilhado de pesquisa continuada. Uma intuição coletiva é, como não poderia não o ser, treinada e gestada coletivamente.

Wallyson Mota – ator

Ifigênia e Campo de Visão: a escolha poética no instante

Fecho os olhos para resgatar memórias, estados, sensações e imagens de todo o aguaçal que experimentamos em *Ifigênia*. Passei o dia de hoje ruminando de certa forma essas sensações, provocando-me e puxando as sensorialidades de volta ao corpo... Estou feliz por poder chegar ao fim deste dia e lembrar (tentar lembrar?) trechos daquela jornada que começamos a construir há dez anos. Percebo agora que não à toa passei as horas deste dia procurando abrir espaço para que o que vivemos ali se restabelecesse em mim. *Ifigênia*, em minha experiência, é uma obra que demanda preparação; abertura de espaços. Ela é deliciosamente invasiva. Demanda uma preparação sobre si e sobre o olhar. Sobre o ouvido. É, antes de qualquer coisa, me parece agora, a necessidade de instaurarmos um ponto zero. Este mesmo – lugar que precede o desenrolar das trajetórias corais, da criação ativa. Um ponto zero que esvazia o corpo/mente de toda a agitação, para que ele (esse corpo-mente) possa deixar entrar em si o tempo, o presente. Os instantes sobrepostos.

O que fascina nesse lugar – o ponto zero – é que ele é a quietude radicalmente conectada ao todo, integrada ao todo. Aberta a ele. É o instante de silêncio que precede o som, e que o gesta – portanto.

Comecei este texto com a palavra aguaçal porque desde o começo *Ifigênia* foi isso para nós – abundância de água. De sua generosidade, tormenta, maleabilidade; de sua feminilidade e ritmo; de sua pressão em diferentes graus de profundidade; de mergulho; de jorro e vida. Logo no início do processo de criação, o Marcelo nos passou a imagem do *mar e onda* como um elemento fundante do espetáculo e da relação que deveríamos estabelecer entre nós, intérpretes, com o Campo de Visão. Mar e onda. Um todo vasto, amplo e fundo que oferece um traço delineante, uma forma que possui individualidade e identidade sem deixar de estar amplamente apoiada por esse todo; necessitada e sustentada por ele.

Nós deveríamos ser assim – mar e onda. Um coletivo vivo de intérpretes que gesta a todo momento distintos traços, vozes, corpos; e estes não se entendem descolados daqueles, apartados, mas em profundo contágio.

Lembro agora da sensação de explosão ao fim de cada ponto zero. Dos primeiros gestos que ganhavam o meu corpo. Lembro de como aos poucos esses gestos iam percebendo outros, afetando e sendo afetados; de como em poucos instantes íamos afinando estruturas de formas, sentidos, texturas e temperaturas; de como essas estruturas iam instaurando códigos, colocando sobre o palco estacas narrativas. O mar é a estrutura, é a grande fertilidade; a onda é o grito distintivo, o gozo da existência que se reconhece em si a partir do outro. Entre nós – após algum tempo de processo de ensaios e investigação – era flagrante quando o mar, após gestação, estava para expelir uma identidade-onda; percebíamos inclusive quem era a onda e que serviço narrativo ela nos ofereceria; sabíamos quando era uma onda-eu ou uma onda-ele, onda-ela, onda-ele-ela, onda ele-ela-eu. Agamemnon, Clitmnestra, Menelau, Ifigênia. Lembro agora que Ifigênia (não apenas a personagem, mas todo o seu redor) é um corpo político. É o círculo. O espaço de interlocução e disputa entre distintas necessidades e anseios. O próprio mar (esse nosso mar coral, em processo de improvisação e criação constante) era esse espaço. A materialização magnânima de uma ideia; conteúdo e sentidos revelados numa forma fluida e constantemente atualizada.

*

Não sei ao certo como amarrar todos os pensamentos e sensações que me atravessam ao pensar em *Ifigênia*, mas não queria deixar passar dois pontos bastante objetivos do que vivenciei ali e que me parecem poder ter alguma contribuição:

– Nunca, em nenhum outro espetáculo que fiz antes ou depois, senti meus ouvidos tão ativos e abertos. Para além do palco, eu sempre conseguia ouvir praticamente tudo o que a plateia produzia de ruído e sons; todo o espaço em que estávamos era absolutamente sensível aos meus ouvidos, e creio que isso se deve a um estado de atenção altíssimo a qualquer estímulo; um corpo conectado ao todo e reativo a ele. Dentro disso, as apresentações que fizemos na Virada Cultural (em plena praça Roosevelt) e no Sesc Ginástico durante a maior manifestação de 2013 (no seio do centro do Rio, com intenso movimento popular e repressão policial com gás e bala de borracha) foram experiências inesquecíveis, deliciosas e ao mesmo tempo aterrorizadoras, pois estar em estado de jogo tão radical em ambientes com inúmeros estímulos sonoros era como estar com a pele viva, latejando; manobras das mais complexas que já experienciei em cena.

– Acredito que, dentro do elenco, nós tínhamos a ala dos mais estruturais (que cuidavam a todo momento para que o jogo coletivo seguisse e que a narrativa fosse contada) e a ala dos mais viscerais (que vazavam o *pathos* grego por seus poros e rasgavam o espaço com ele). Os momentos em que consegui estar com os pés cravados nas duas alas ao mesmo tempo foram os de maior contribuição para o espetáculo, acredito. Olho para trás e acho impressionante como alguns de nós conseguiam estar assim recorrentemente.

Abaixo, área de palco em que o jogo improvisacional acontecia, o Mapa de Luz do espetáculo e um artigo publicado por mim e por Rafael Zenorini, compositor da trilha, sobre a música em *Ifigênia*. Cenografia, iluminação e trilha sonora muito colaboraram para que as diretrizes da encenação resultassem plenamente. Os artistas parceiros acompanharam de perto o longo processo de criação, o que denotou escolhas visuais e musicais absolutamente pertinentes e de grande valor estético, que muito ajudaram a instauração de uma realidade própria. *Ifigênia* instaurou na cena um lugar único, peculiar, em que um microcosmo social e atuante coral agisse com os códigos do Campo de Visão. A Cássio Pires, Lu Bueno, Moshe Motta, Rafael Zenorini e Wagner Freire, todo o meu agradecimento.

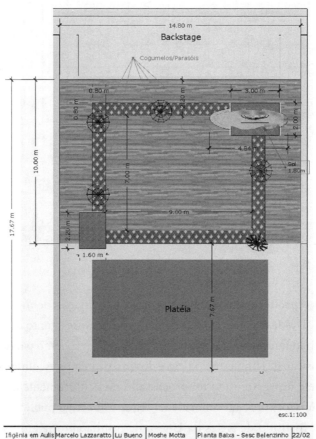

Planta baixa: cenografia.

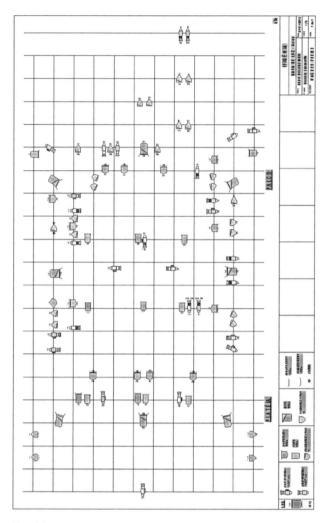

Mapa de luz.

Outro aspecto fundamental do processo de criação de *Ifigênia* foi a sua sonoridade. Desde a expressão das palavras pelos atores, tanto de forma coral quanto individualmente, ora como palavra falada, ora como palavra entoada, até a composição das linhas melódicas e dos instrumentos escolhidos para fazer parte daquele universo, tudo foi processado meticulosamente e validado no Campo de Visão. Sobre tal sonoridade, segue um artigo publicado da revista *Rebento* do Instituto de Artes da Unesp de minha autoria em parceria com Rafael Zenorini, compositor da trilha sonora de *Ifigênia*.

Ifigênia: os sons como elementos de composição cênica[4]

Marcelo Lazzaratto (diretor da Cia. Elevador de Teatro Panorâmico e professor do Departamento de Artes Cênicas da Unicamp) e *Rafael Zenorini* (graduando em Música no Instituto de Artes da Unesp. Diretor musical da Cia. Elevador de Teatro Panorâmico. Sócio-fundador da plataforma Ihearyou)

Em 2011, iniciou-se um dos processos mais desafiadores da Cia. Elevador de Teatro Panorâmico: a montagem do espetáculo *Ifigênia*. Baseada em *Ifigênia em Áulis*, tragédia grega de Eurípedes, a proposta era através do Campo de Visão[5] (jogo improvisacional coral sistematizado e desenvolvido pelo Prof. Dr. Marcelo Lazzaratto) construir a encenação sobre a dramaturgia de Cássio Pires. A música e os sons, sendo elementos da composição cênica, seguiriam as mesmas regras estabelecidas e participariam da construção de cada novo espetáculo.

A encenação partia do seguinte pressuposto: tudo se desenvolveria através do coro, esse elemento fundamental das tragédias gregas, pode-se mesmo dizer sua origem e seu sentido. Queríamos com isso fortalecer e aprofundar nosso questionamento a respeito da relação indivíduo e coletivo, tema nevrálgico, no nosso modo de ver, da sociedade contemporânea e também do sistema improvisacional Campo de Visão.

O espetáculo foi concebido em oito cenas e entre elas uma espécie de intertítulo que, de maneira lírica, anunciava o que viria na cena seguinte. Preservamos o fio narrativo do original de Eurípedes, mas ampliamos, amplificamos, aumentamos as "vozes" do coro. O coro por vezes assumia uma voz narrativa *à la* Brecht; em algumas vezes se tornava mesmo uma voz profética que sentenciava as ações dos personagens; em outros momentos uma voz dos guerreiros gregos ansiosos pela batalha; ou as vozes das mulheres de Cálcides lamentando as desditas da família de Agamemnon; por outras ouvia--se um Coro Agamemnon ou um Coro Ifigênia...

Essa ênfase dada ao coro exigia uma construção poética própria, com características próprias. O que se veria na cena não seria uma história contada de maneira dialógica a partir da voz de personagens como em uma dramaturgia convencional, mas, sim, várias vozes que se manifestariam através do coro e

---

[4] Artigo publicado na *Rebento: Revista Artes do Espetáculo*, n. 5, junho de 2015.

[5] Para saber mais a respeito do Campo de Visão, ver Lazzaratto, 2011.

para o coro de espectadores. Diálogos e solilóquios, cantos e canções seriam gestados e enunciados pelo coro. E de maneira improvisada... a cada dia estabelecer-se-ia uma relação diferente entre elas. Para darmos conta desse imaginário pouco usual, sentimos que precisávamos conceber um mundo... Todo um mundo, com características, convenções, regras, comportamento e sonoridade próprios.

Assim, cenografia, figurino, adereços, iluminação e sonoridade deveriam ser processados de acordo com esses preceitos. Que espaço cênico abarcaria a praia de Áulis, o mar, as naus ancoradas, a espera e principalmente a ausência de vento? Que vestes serviriam tanto ao masculino como ao feminino, uma vez que qualquer ator e atriz poderiam a qualquer momento interpretar qualquer personagem e ao mesmo tempo fazer parte de um coro? Quais seriam os objetos essenciais à cena? Como iluminar um coro que se movimenta livremente pelo palco, uma vez que não há marcas no espetáculo? E, por fim, qual a sonoridade que a contemporaneidade faz vibrar a ancestralidade do mito nos dias de hoje?

Abertura do espetáculo *Ifigênia*.

Aqui nos deteremos apenas à questão relativa à sonoridade, tema central deste artigo. Em uma outra oportunidade podemos desenvolver os outros aspectos da encenação.

Para, ao mesmo tempo, conceber e instaurar esse universo, pensamos que deveríamos, de fato, na primeira cena, realizar uma criação de mundo. Convidar o espectador a entrar nesse universo, oferecer a ele balizas para bem se relacionar com os elementos estéticos que estávamos formulando. Da ausência de luz ao primeiro som que ecoa no espaço. Das frequências cósmicas à batida do tambor arquetípico. Dos sintetizadores ao sopro da flauta. Da teoria das cordas às cordas da viola da gamba. E assim fizemos...

Percebemos que, ao criarmos essa primeira cena, tínhamos elencado uma série de sonoridades que serviriam de guia ao resto da encenação. A nossa cosmogonia nasceu da mãe Eletrônica e do pai Acústico. E seus filhos nos ofereceram os timbres, os tons e os andamentos de *Ifigênia*.

A cada novo ensaio, tínhamos novas descobertas: um gesto, um timbre, um instrumento. Revelar o que a fábula trazia nas suas palavras, as melodias, a prosódia, as entonações, fazia com que nos aproximássemos do mito e descobríssemos pouco a pouco a vibração de cada personagem. Agamemnon, grave e profundo. Ifigênia, leve e tépida. E assim, colocamos cada entidade no seu respectivo ponto do espectro de frequências. No entanto, mapear a vibração de cada personagem era só o começo da construção da nossa paleta sonora.

Precisávamos escolher os timbres, os instrumentos que nos contemplassem e dialogassem com a atemporalidade da encenação. E dos sintetizadores aos tambores de pele animal, elencamos cerca de 13 instrumentos musicais para que dois músicos improvisassem ao lado dos nove atores no palco: viola da gamba; flauta de madeira; caxixi; agogô; sintetizador; caixa do Divino; alfaia; sino tibetano; pandeiro; sino Pin; violino; flauta doce e *didgeridoo*.

O trabalho rítmico, as pulsações e o batimento cardíaco de cada personagem contaram com o auxílio do percussionista Alexandre Caetano, que nos conduziu pelas sonoridades e métricas, orientais e ocidentais, das mais variadas possíveis, pois sabíamos que precisávamos nos instrumentalizar e ter no corpo a prontidão para qualquer estímulo que viesse do outro, sabendo que o ritmo é o primeiro viés que gera empatia entre dois seres.

Aos poucos, cada uma das oito cenas foi adquirindo um tom próprio. O que se contava naquela cena, o que nela acontecia, se o acontecimento era regido por Agamemnon ou por Clitmnestra, por Aquiles ou por Ifigênia; se a deusa Ártemis assumia o controle das coisas ou se a ouvíamos sutilmente por trás das mazelas humanas; tudo nos oferecia elementos para que ouvíssemos e criássemos uma textura sonora particular. Assim, cada cena se apresentava com sua tessitura sonora própria, mas que poderia variar de acordo com o jogo improvisacional que se estabelecesse entre os atores e entre os atores e os músicos naquele momento.

Essas "camas" sonoras foram compostas durante os ensaios e gravadas previamente. Elas serviam como instauradoras de uma atmosfera específica àquele ponto da fábula. Serviam como baliza, norte, eixo... Mas, uma vez criada tal atmosfera, a maneira que as coisas aconteciam, a movimentação dos atores, o enunciado das palavras, a relação entre coro e coro/protagonista, os instrumentos utilizados, sua cadência e intensidade, tudo ficava à mercê das escolhas dos atores e dos músicos interagindo profundamente em favor de contar bem a história de Ifigênia.

Cena de *Ifigênia*.

A última etapa do processo consistia em melodizar pequenos trechos do texto que entrecortavam as cenas, os intertítulos. Chamados de Ponto Zero, esses pequenos intervalos eram ao mesmo tempo um momento de respiro, de entendimento e a preparação para o que estava por vir, como quando você está em um trampolim prestes a saltar. O trabalho começou com uma extensa pesquisa sobre os *pés gregos*. As referências métricas, as durações de cada sílaba, fundamentaram o início da criação dos cantos.

Os versos que se seguem anunciavam a cena 3 do espetáculo, momento em que Menelau vem tirar satisfações com seu irmão Agamemnon perguntando-lhe por que recuara da decisão de sacrificar sua filha à deusa Ártemis:

O ar
O frio
O sol
Águas infinitas
Eu sou o sol e a terra
Eu sou o timbre que não se pode ouvir

A linha melódica desse intertítulo, descrita nessa partitura, era entoada pelo coro e conduzida pelo som da viola da gamba e da alfaia. Em outros momentos, outros instrumentos conduziam o canto ou até mesmo sons eletrônicos compostos anteriormente.

Para finalizar, talvez o ingrediente mais significativo da sonoridade no processo de criação e apresentações de *Ifigênia* seja a questão da "presença". Como se trata de um espetáculo improvisado sob as regras do Campo de Visão, era fundamental, além da profunda integração entre atores e músicos, um "estar ali" absoluto. Esse fato muito interferia na qualidade da execução e, principalmente, na contribuição da construção poética que poderia surgir dos elementos sonoros e musicais. Como a poética a cada dia poderia se estabelecer com matizes diferentes, a qualidade da "presença" determinava, e muito, o valor das opções feitas pelos músicos e atores e fortalecia, ou não, o desenrolar dos acontecimentos da trama. Os músicos, assim, deveriam se comportar como verdadeiros *performers* com seus corpos conscientes, articulando conceitos e sensações no aqui-agora da cena.

No decorrer das apresentações, após as primeiras temporadas e as viagens pelo Brasil, sentíamos que o coletivo ficava cada vez mais afinado, a escuta estava mais aguçada e a conexão acontecia pela sensibilidade. O Campo de Visão se consolidava e chegava a seu estado mais potente, ampliando a percepção de todos os sentidos, fazendo com que de fato nos tornássemos ao mesmo tempo Um e Vários.

Ponto Zero 5 – *Ifigênia*.

CAPÍTULO 3
O JARDIM DAS CEREJEIRAS E O CORPO-PAISAGEM

Não é nunca o fato contado que despertará o interesse, e sim aquele aspecto imprevisto das palavras e das coisas, que é próprio da poesia: o tom, a escolha dos detalhes evocados, [...] e sobretudo os prolongamentos que se sentem por trás de cada uma das personagens, a presença de algo insólito e maior que aquilo que está expresso.[1]

Sophie Laffitte, *Tchekhow par lui-même*.

Ato I – Retorno de Liúba Andreiévna ao Jardim.
Da esquerda para a direita: Ania (Carla Kinzo), Pitchchik (Rodrigo Spina), Lopákhine (Pedro Haddad), Liúba (Carolina Fabri), Gáiev (Léo Stefanini) e Vária (Marina Vieira).

---

[1] Angelides, 1995, p. 178.

Depois da intensa pesquisa desenvolvida em *Ifigênia* em que os limites todos foram testados – limites da atuação, da direção, do improviso e do Campo de Visão –, o próximo passo escolhido foi mergulhar na interioridade em busca da atmosfera propícia reveladora daquilo que não é falado. E tudo nos apontava, enfim, para a obra de Anton Tchékhov. Digo "enfim" porque era desejo antigo, desde que a Cia. Elevador foi criada, estabelecer diálogo com o autor russo. E naquele momento nos pareceu que chegara a ocasião adequada. Porque há que observar que muitos fatores influenciam ou até mesmo determinam que uma escolha poética seja feita. Na verdade, já havíamos escolhido Tchékhov havia muito tempo, ele certamente entraria em nosso repertório, mas o momento certo para que isso acontecesse não surgia. Ano após ano, trabalho após trabalho... Era como se o médico-dramaturgo ministrasse em nós doses homeopáticas para amadurecermos no tempo devido, para, daí sim, adentrar o seu mundo, o seu imaginário. Coisa de quem sabe! E se há alguma coisa que Tchékhov compreende é o tempo que opera as humanidades.

Trago comigo uma profunda relação com a obra de Anton Tchékhov, seja em seus contos, seja em sua obra dramatúrgica. Muito li, muito imaginei e muito montei suas peças, vantagem e bênção que meu ofício de professor-
-diretor vem me oferecendo ao longo desses 30 anos. Pude trazer à cena algumas vezes suas peças, em momentos distintos de minha vida e de minha jornada artística. Encontrei Trepliov, o jovem artista de *A Gaivota*, quando eu mesmo Trepliov parecia, e de novo o encontrei quando em mim ele já não reverberava por identificação e sim por distanciamento, e parece que o entendi melhor. Encontrei Liúba, personagem central de *O Jardim das Cerejeiras*, num momento em que enorme ela era e sutil demais sua sensibilidade em comparação aos meus parcos anos; ali, eu era antes um Pétia me debatendo em convicções certeiras, mas incapaz de ler os matizes variados da tela. Depois a encontrei num exercício de linguagem, diretor ousado tentando inventar a roda. E depois, mais tarde, muitos anos mais tarde, nesse momento que aqui descreverei, a encontrei novamente e pude olhar nos olhos dela e me ver melhor, sem nunca decifrá-la por completo. As grandes personagens nunca se revelam por completo, por isso as amamos, por isso continuam a dançar em nossa imaginação.

Quantas vezes ouvi, vi e me emocionei como e através de Nina, quanto chorei com Sonia e Olga, quanto desejei Elena e Macha; como me diverti, ri e chorei com Irina; quanto briguei com Solioni e me identifiquei com Tusembach; quanto me revoltei impotente como Tio Vânia, quanto quis ser Astrov e Pétia Trofimov mas... na verdade querendo ser Ania; quanto entendi os desvãos de Arcádina e Vária; quanto desejei como Liúba e quanto me pus no lugar de Firs... Para mim, Tchékhov se posiciona no mesmo panteão dos autores trágicos gregos e Shakespeare. Na virada do século XIX para o XX não me furtaria em elegê-lo como o representante teatral da profunda revolução ocorrida no mundo e no mundo das artes naquele período. E sua última obra, *O Jardim das Cerejeiras*, para mim tem a amplitude de um *Édipo Rei* e de um *Rei Lear*, com a sutil vantagem de trazer em seu título antes um espaço, um lugar, um cenário, uma atmosfera, do que um certo alguém. Em Édipo se vê a Grécia a partir dele; em *Rei Lear* se vê o império a partir dele; em *O Jardim das Cerejeiras* nos vemos todos ali inseridos. Ou seja, do ponto de vista do indivíduo para o Campo de Visão. N'*O Jardim das Cerejeiras* como no Campo de Visão, o indivíduo sempre está inserido em algo, algo maior que ele, em um campo de possibilidades poéticas, ao mesmo tempo agente e reagente, não é somente a sua visão que determina as coisas.

Essa sutil diferença muito diz sobre a visão panorâmica de Tchékhov, deixando claro que o termo "panorâmica", aqui, em nada se assemelha a algo meramente superficial, antes denota alcance e generosa visão sobre as diferenças de personagens e pontos de vista, deixando ao espectador e ao leitor a deliciosa tarefa de penetrar verticalmente nas questões profundas das personagens inseridas na malha social. Jardim como espaço em que a vida se manifesta com todas as suas contradições. No Jardim se debatem a tradição e a revolução, a fome de alimento e a fome por vida, a perda e a conquista, valores morais e inércia. O Jardim de Tchékhov é amplo, vasto e não somente por ser de uma velha e decadente família aristocrática, mas também por ser um espaço, ou melhor, seria um lugar, ou, antes ainda, uma atmosfera em que os valores e as mazelas humanas ganham contornos. O Jardim é uma paisagem, e para mim, encenador dessa montagem e condutor de processos investigativos desse grupo de pesquisa, a Cia. Elevador, foi-se forjando um conceito que alguns anos antes já havia habitado meu imaginário, mas que ali, com a obra de Tchékhov, encontrou território fértil para se desenvolver: o corpo-paisagem.

Quanto à ação: nesse caso, convém ouvir em primeiro lugar a fábula. Vocês poderão contar uma história, mas não contem comigo para contá-la. Inscrevo a essência do que aconteceu. Em relação à linearidade: e eis o ponto fundamental. A característica da paisagem "está aí". Imóvel sob nossos olhos. E entendendo que sou eu, leitor ou espectador, que cria o movimento no interior da paisagem e liga os elementos em presença, uma vez que tudo está disposto ali para mim – à minha disposição.[2]

Gertrude Stein

Por ora digo que esse conceito surgiu em mim de um imprevisível encontro entre Fernando Pessoa e Gertrude Stein – ele com seu "eu-paisagem" e ela com sua "peça-paisagem", figura e fundo, indivíduo e linguagem. Mais adiante poderemos ver, em um artigo publicado, como o projeto foi estruturado, mas antes, aqui, queria talvez intuir uma pergunta que pode estar se formando em você, querido leitor: e o Campo de Visão em relação a isso? A Tchékhov, a *O Jardim das Cerejeiras*?

Esclareço que, depois de tantos anos de prática e constante reflexão, é difícil eu abordar um trabalho sem as premissas do Campo de Visão. De certo modo, ele apoia as minhas escolhas, posso até mesmo dizer que ele me conduz por elas. Não, não pense que se trata de manipulação, que o Campo de Visão é uma entidade divina que rege os meus passos todos. Risível seria. Estar atado a ele não me torna dele refém. Pois aqui a lógica é outra. Já mencionei que o trato constante com ele promove uma mudança de paradigma. Assim, a relação é de outra ordem não vinculada a aspectos de dominação e determinação, muito menos doutrinários. O Campo de Visão, na verdade, explode os dogmas todos, pois os absorve, sem medo de sucumbir a eles.

A base de todo o trabalho d'*O Jardim das Cerejeiras* foi o Campo de Visão. Não como "frente", como linguagem codificada aos olhos do público como se deu em *Ifigênia*, e sim como fundo. Foi através de sua prática que pude conduzir os atores a estabelecer uma atmosfera propícia à materialização do conceito de corpo-paisagem. Porque o corpo-paisagem seria fruto da atmosfera e não da matéria. Inefável. Insólita. Etéreo, sim, flutuante, mas sem perder suas raízes no Jardim. Não se tratava de sublimar plenamente, e sim de adensar.

---

[2] Sarrazac *et al.*, 2012, p. 134.

A insustentável leveza do ser? Sim, a insustentável leveza do ser. Em minha condução desse processo de criação, Kundera e Tchékhov batiam um bolão. E talvez dessa minha percepção tenham se reforçado durante o processo os aspectos impressionistas da obra do dramaturgo russo. Sim, mesmo que comumente seja reconhecido como um autor do período realista, Tchékhov, para mim, é antes um impressionista, e foi a partir das características desse movimento que conduzi tanto o trabalho dos atores quanto as ideias da encenação. E o procedimento utilizado para tanto foi o Campo de Visão.

Desde o início dos ensaios, estimulei os atores a pensar os personagens não com linhas definidoras e claras, mas, sim, a partir do esmaecimento de seus contornos. Esmaecer foi o verbo que regeu o trabalho, talvez esfumaçar. Esmaecer as linhas para descobrir a névoa interior das personagens e, a partir delas, instaurar a atmosfera que preencheria toda a cena. Eis a nossa meta. A atmosfera deveria ser instaurada pelos atores em atuação. Sim, os elementos que compõem a cena, os visuais e os sonoros, ajudariam na tarefa, mas, certamente, não dariam conta por si. A paisagem que interessava era antes a paisagem que é composta pelos aspectos interiores das figuras humanas em contato sensível com os aspectos exteriores, e para isso o corpo precisava sentir, vibrar, reverberar paisagem. Um eu-paisagem, um eu-jardim para uma peça-paisagem e, para tanto, um corpo-paisagem.

Claro que resguardando as características de cada ato. *O Jardim das Cerejeiras* tem uma estrutura sutil brilhante: após longo inverno metafórico composto pela ausência de Liúba (cinco anos longe do Jardim), a peça se inicia na primavera com seu retorno do estrangeiro; assim, numa longa noite de chegada da primavera, desenvolve-se o primeiro ato. No segundo, o verão majestoso revela com sua clara luz os personagens em divertidas atividades diurnas, alheios ou ao menos fingindo-se alheios ao problema iminente que se aproxima. No terceiro ato, outro golpe de mestre: no outono, em meio à notícia da possível venda do Jardim num leilão, Liúba promove uma festa tentando temperar seu desespero com alguma frivolidade. E, por fim, a despedida do Jardim, num quarto ato regido por um típico e implacável inverno russo.

Cada ato necessitava de uma atmosfera específica, determinada pela estação do ano que, por sua vez, revelava um adensamento dos problemas materiais e das relações interpessoais das personagens. Quando jogávamos o Campo de Visão, a ênfase – tudo é uma questão de ênfase – antes estava no desenvolver e no desenrolar dos estados das personagens do que nas suas características exteriores. O que eu pretendia com isso era que os contornos de uma personagem se fundissem com os contornos de outra personagem oferecendo uma sutil percepção de fundo entrelaçamento entre elas a ponto de revelar que, na verdade, todos e cada um estão inseridos e são o Jardim das Cerejeiras ao mesmo tempo. O Jardim é a Rússia toda, diz Pétia Trofimov, a melhor representação simbólica daquela sociedade na virada do século XIX para o XX. Esse esmaecimento dos contornos era reforçado pelo tom dos figurinos, todos na paleta de branco, beges claros, marrons suaves, rosa queimado, o que favorecia uma sensação de integração entre tudo. Para esclarecer e reforçar o conceito, alguns atores faziam mais de um personagem, e no Campo de Visão o que se buscava era antes a ressonância do que a diferença entre eles. A atriz que fazia Ania, a filha de Liúba, fazia também Duniacha, a jovem criada da casa. A reverberação dos aspectos juvenis era primeiro enfatizada, para depois, em ação, se materializar a diferença de classe social. A atriz que fazia Vária, a metódica filha de criação de Liúba, repleta de sonhos não realizados, fazia também Carlota, a misteriosa governanta hábil nos truques de mágica: o que de Vária ressoa em Carlota? O que Vária carrega de Carlota? Ambas são antes cuidadoras, zelosas por algo que está além delas: a casa, a própria Liúba...[3] Esse constante exercício de esmaecimento me levou a certa altura do processo a arrematar o que ainda trazia como intuição: a certa altura, decidi que o personagem Firs, o ancião mordomo da casa que recusou a abolição da escravidão russa, seria interpretado por todos os atores. A cada momento um ator o interpretaria sem preocupação em mudar de roupa ou qualquer apelo de caracterização exterior. Simplesmente assumiria sua frequência. Frequência: esse outro conceito, tão caro ao Campo de Visão, enfim surgiu no processo como baliza fundamental para entendermos por onde o esmaecimento se daria para que o corpo-paisagem, enfim, se materializasse como potência. Cada ator passaria antes a vibrar na frequência de Firs sem se preocupar em deixar de "ser" o personagem que defendia ao longo da peça. Assim, o ator que seria o jovem Pétia entraria em frequência de Firs e assim o faria. O ator que seria o

---

[3] Elenco e personagens: Liúba – Carolina Fabri; Ania/Duniacha – Carla Kinzo; Vária/Carlota – Marina Vieira; Lopákhine – Pedro Haddad; Pitchchik/Iasha – Rodrigo Spina; Pétia/ Epikhodov – Wallyson Mota; Gáiev – Leo Stefanini; e Firs – interpretado por todos os atores ao longo da peça.

velho Pitchchik entraria em frequência de Firs e assim, momentaneamente, Firs estaria na cena. E assim por diante. Com cada atriz e ator entrando em consonância com a frequência de Firs, esse personagem ganhou uma condição muito especial na montagem. Esse arremate entre procedimento e estética ganhou contornos definitivos quando propus à atriz que interpretava Liúba, a dona da casa, a gentil aristocrata, na última cena – quando todos vão embora e esquecem o velho Firs sozinho em casa –, assumir a frequência de Firs e assim interpretá-lo nos instantes finais da peça. Desse modo, víamos na cena a atriz que fez Liúba fazer Firs. A patroa Liúba, a representante maior do Jardim, que dele parte para sempre, é também o próprio empregado Firs, que nunca pensou em abandoná-lo. Liúba e Firs pertencem ambos àquele mundo. A atriz representa, interpreta, atua, faz, é ambos. Não que com isso a intenção fosse denotar duas faces de uma mesma moeda. Não se trata de faces, talvez antes de sobreposição ou esmaecimento dos contornos e ênfase às frequências. Um mesmo corpo de atriz afina a frequência para isto e aquilo, simultaneamente. Desse modo, Liúba é Firs e Firs é Liúba, ambos vivos simultaneamente no corpo-paisagem da atriz, ambos derrotados, pois ao fundo se ouvem os machados derrubando as cerejeiras.

Com essa escolha toda a busca fez sentido, tudo o que o processo ao longo dos ensaios revelou – o embate entre forma e conteúdo, os aspectos artísticos e sociais, a visão política e estética, esmaecimentos e composição, dualidades difíceis de coadunar – se encaixou, e o trabalho ganhou força e, no meu modo de ver, grandeza.

É importante ressaltar que tal nível de risco, pois o risco que corremos foi alto, só foi possível com um agrupamento de pessoas que se desenvolvem e desenvolvem linguagem ao longo de anos ininterruptos. Essa é a maior força do chamado Teatro de Grupo, que nos últimos 25 anos vem contribuindo lindamente à cena brasileira. Trabalhos de pesquisa continuados vinculados antes ao tempo da artesania do que à pressa atabalhoada da contemporaneidade. Isso não quer dizer em hipótese alguma que o trabalho nasceu pronto e já maduro. Sabemos bem o quanto o teatro é uma arte artesanal e que também necessita de maturação para se dar. Posso afirmar que todos esses elementos ganharam força definitiva e agregadora não em nossa primeira temporada, mas, sim, nas viagens que fizemos pelo interior paulista quando fomos contemplados com o edital do Sesi Circulação. Nessas viagens, os elementos todos conquistaram seu devido lugar de repouso, e os atores os operavam brilhantemente. O espetáculo estreou em 2014 no Sesc Bom Retiro e se manteve em viagens até 2016. *Link* no YouTube: <https://www.youtube.com/watch?v=J1R445sGrGU&t=2053s>.

Por último, falarei sobre a cenografia, peça-chave da encenação e que contribuiu como tela para que os corpos-paisagem nela inseridos estivessem em uma paisagem inefável. Mesmo assim, tentarei descrevê-la.

Retorno de Liúba (Carolina Fabri) ao Jardim.

LIÚBA. [Sai para o Jardim] Oh, minha infância, época da inocência! Nesse quarto eu costumava dormir; costumava olhar daqui o Jardim. A felicidade costumava me acordar toda manhã, e é exatamente como hoje, nada mudou. [Ri com muita alegria] Tudo tão branco! Branco! Oh, meu jardim! Depois dos outonos escuros e invernos frios, você feliz novamente, cheio de alegria, os anjos não te abandonaram... Se eu pudesse tirar o fardo pesado do meu peito e dos meus ombros, se eu pudesse esquecer o meu passado!

Foi essa fala de Liúba que acionou uma série de imagens e sensações que vieram a se materializar futuramente como a cenografia do espetáculo. Tudo tão branco, branco! Liúba retorna à propriedade no início da primavera, mas o Jardim na madrugada ainda resguarda os últimos instantes de neve. O branco do Jardim dentro do quarto verde das crianças e o céu azul, azul do amanhecer, dão a coloração para os olhos de Liúba. O Jardim branco somado à ideia do esmaecimento dos contornos das personagens me levou primeiramente a imaginar que tudo na cena deveria ser branco, como o famoso quadro de Malévitch, branco sobre branco, o mínimo contraste possível para perceber a diferença, mas para também oferecer aos olhos do público o mergulho no esmaecimento. Mas até certa altura do processo somente carregava a certeza da cor. Mas como se configuraria o cenário? Com quais elementos? Reproduziria a sala, o quarto, a mobília da casa? Tudo me levava a crer que não. Paredes, tetos, lustres, tapetes não seriam necessários ao que intuía fosse necessário ao corpo-paisagem. Para o pincel impressionista, para a paisagem impressionista do corpo-paisagem, antes a cenografia deveria ser uma paisagem específica. Mas qual? Uma reprodução das cerejeiras em flor? Uma espécie de cerejeira dá flores brancas – pensei. Talvez. Se se borrassem os aspectos figurativos talvez fosse bom. Mas a dúvida persistia em mim conforme os ensaios aconteciam.

Para marcar a peça, optei por utilizar apenas uma cadeira no espaço, o resto ficaria vazio. Trazia a sensação de que o espaço vazio exigiria dos atores um apuro dos sentidos para que pudessem povoar o resto da paisagem com as inquietações, os desejos e as frustrações das personagens. Estabeleci, aos poucos, vetores de ação somados à posição espacial para que a cada movimento dos atores em cena, um novo quadro aparecesse aos olhos do público sobre o fundo branco, pois, mesmo sem saber como, trazia a convicção de que tudo seria branco, como o Jardim aos olhos de Liúba.

Até que um dia visitei a Bienal de São Paulo e lá estava exposta uma obra de Mira Schendel, artista suíça radicada no Brasil no final dos anos 1940. A obra era *Ondas paradas de probabilidade*, que ela expôs pela primeira vez na Bienal de São Paulo em 1969. *Ondas paradas de probabilidade...* Um nome incrível, muito afeito à minha sensibilidade, aos meus desejos e às intuições quânticas tão caras ao Campo de Visão e à improvisação. Centenas de fios de náilon suspensos em uma área de não mais de 5 metros quadrados se debruçando sobre o chão e desenhando pequenas curvas de 30 centímetros. Transparência. É o que se sente da obra ao vê-la de relance. Mas basta alguém se posicionar no extremo oposto para que seus contornos fiquem esfumaçados, sutilmente esfumaçados. Me arrepiei todo. A obra de Schendel ia ao encontro das minhas buscas para o Jardim. Meu coração veio parar na boca; cheio de entusiasmo, passei a andar de um lado para outro à espera de que outros visitantes passassem e parassem para vê-la e me oferecessem a visão que queria para o meu Jardim. Dito e feito. A imagem era perfeita! Saí da Bienal e passei a pesquisar sua obra mais detalhadamente; a cada nova imagem, novo desenho, nova tela e novo projeto, eu me encantava mais, sentia ressonância profunda com meus desejos e impulsos e, mais especificamente, com o que procurava para a encenação d'*O Jardim das Cerejeiras*. Sobre a obra, Mira escreveu em seu diário: trata-se do ato de dar visibilidade ao invisível. Pronto. Encontrara a forma de minhas inquietações espaciais. Compartilhei o achado com os atores e com a cenógrafa Luciana Bueno, àquela altura parceira de criação e que, além do figurino, assinaria comigo a cenografia.

Com os ensaios se desenvolvendo, a cada dia foi ficando mais claro que não poderia haver fios pendurados em toda a extensão da cena, como na obra de Schendel. Isso atrapalharia, e muito, os desenhos formados por linhas e pontos da marcação cênica que vinha configurando. Precisava de um espaço vazio. O náilon também demonstrou não ser exatamente o melhor elemento para nossa cenografia, fino demais – com o montar e o desmontar diários do espaço cênico impostos pela realidade teatral brasileira, certamente, com o passar do tempo, aquilo se tornaria uma maçaroca horrível.

Precisava do espaço vazio. Os vetores e as linhas demarcadas da atuação necessitavam do vazio para ser sutilmente desenhados. Resolvemos, então, transpor os fios para os perímetros da cena, quase como delimitando um espaço interno e outro externo. Esse gesto reforçou ainda mais a intenção da encenação. Os atores, para entrarem na cena, precisavam passar pelos fios e, assim, fosse atrás deles ou neles embrenhados, a sensação de desvanecimento se tornava materialmente real para os olhos do público: os objetivos gerais da encenação eram enfim conquistados. Branco sobre branco, Jardim branco, o piso todo branco e um mar de fios de tecidos brancos pendurados com espessuras diferentes para dar a sensação de profundidade, todos presos em *grides* de bambu, lindamente concebidos por Luciana Bueno. Ao passarem por eles, os atores sentiam materialmente em seus corpos a sensação de desvanecimento de suas linhas e contornos, e essa sensação era trazida, então, à cena. A cenografia colaborava, e muito, ao processo dos atores de conquistar um território tão sutil de sua interpretação, e a cada dia o corpo-paisagem se fortalecia e paradoxalmente adquiria seus contornos desvanecentes...

Esfumaçamento dos contornos dos personagens Firs (Wallyson Mota) e Liúba (Carolina Fabri).

Duniacha (Carla Kinzo), Carlota (Marina Vieira) e Iasha (Rodrigo Spina), em uma tarde de verão.

Carlota (Marina Vieira) e Epikhodov (Wallyson Mota).

Ato II – Momentos de uma tarde de verão.

Lopákhine (Pedro Haddad) compra num leilão o cerejal de Liúba Andreiévna (Carolina Fabri).

Ania (Carla Kinzo) consola sua mãe Liúba (Carolina Fabri).

A família se despede do Jardim — Liúba, Gáiev, Vária e Ania.

O desencontro entre Vária (Marina Vieira) e Lopákhine (Pedro Haddad).

A partida.

Esse pequeno álbum de fotos, creio, ilustra bem os aspectos descritos acima sobre a cenografia; podem-se perceber aspectos sobre a iluminação que muito colaboraram para dar textura à paisagem e, principalmente, à atmosfera de cada uma das estações do ano. Geralmente sou o iluminador dos espetáculos que dirijo, e marco muitas vezes a cena a partir da luz. Não foi diferente nesse processo d'*O Jardim das Cerejeiras*. Os matizes brancos trazidos por cada material escolhido na confecção do cenário foram um prato cheio para que a luz tingisse almas e temperaturas. *O Jardim das Cerejeiras* como uma paisagem de pinceladas impressionistas.

Recordo-me que, quando era mais jovem, tendia a usar em meus espetáculos filtros com cores intensas. Na paleta de cores, eu sempre tendia às mais fortes. Tudo era intenso. Minha inquietude, minha visão, minha sensibilidade eram constituídas de tons vibrantes. Com o passar do tempo, aos poucos, comecei a escolher apenas um tom quente e um tom frio para "pintar a cena" (sim, creio que o trabalho do iluminador no teatro seja similar ao do pintor em sua tela, por isso utilizo o termo "pintar a cena"). Logo depois disso e durante certo tempo, todas as peças que iluminava tinham a mesma escolha de filtros. O que mudava era a escolha dos refletores, os ângulos e, principalmente, o uso das intensidades. O azul e o amarelo começaram a mandar em meus espetáculos. Todos tinham o azul e o amarelo. Mas o resultado final era completamente diferente. Tudo dependia da posição do objeto, da posição do foco de luz e de quem a via... O uso dos mesmos filtros contraditoriamente gerava espetáculos com luzes completamente diferentes.

Passado mais um tempo, agora em *O Jardim das Cerejeiras*, esmaeci por completo os tons, embora a relação entre o quente e o frio seja ainda determinante. Ainda mais para a gelada Rússia! Aqui tudo vai de um amarelo esmaecido a um lilás esmaecido. Esmaecimento. A luz contribui ao gesto impressionista do espetáculo através do esmaecimento dos tons que iluminam a cena em contraste com os tons fortes que iluminam uma espécie de ciclorama atrás das teias de fios que constituem o cenário. Esse contraste entre esmaecimento e intensidade foi o que iluminou o caminho para que o espetáculo passasse pelas quatro estações do ano indiciadas na obra por Tchékhov. Sobre o cenário branco e seus quilômetros de fios pendurados incidiam raios solares e raios lunares; tons de interiores e intensidade exterior, tudo sem definições de focos... esmaecimento. Como o daquelas vidas esmaecidas, daquele tempo... que esmaeceu.

A seguir, um artigo que publiquei revelando as estruturas e a base do projeto inicial desse processo de criação. Creio que contribuirá para o esclarecimento da trajetória desenvolvida. Artigo publicado na revista *Geograficidade*, vol. 7, n. 2, do Grupo de Pesquisa Geografia Humanista Cultural, no inverno de 2017.

Liúba Andreiévna em meio ao Jardim.

Em busca do corpo-paisagem

Ao longo da trajetória de pesquisa estética da Cia. Elevador de Teatro Panorâmico, que tem por base o sistema improvisacional por mim nomeado de "Campo de Visão"[4] e pesquisado continuamente ao longo dos últimos 20 anos, trouxemos à cena peças que dialogam com questões inerentes ao homem contemporâneo, tais como a procura de si mesmo, a desconstrução de realidades e fragmentação da memória, o limiar entre arte e realidade, entre cotidiano e criação. Em meio à pesquisa de meu doutorado que trazia a hipótese de que *o*

---

[4] Ver Lazzaratto, 2011.

ator não interpreta nem representa personagens, mas sim manifesta heterôni-mos, entrevi um pressuposto estético de atuação que defini como **corpo-paisa-gem**, advindo do *eu-paisagem*, contido no *Livro do Desassossego*, de Bernardo Soares (semi-heterônimo de Fernando Pessoa), e da *peça-paisagem* proposta por Gertrude Stein. Como à Cia. Elevador de Teatro Panorâmico sempre inte-ressou o trabalho do ator e sua potencialidade em configurar linguagem, nos empenhamos naquele momento na busca do **ator como um corpo-paisagem**. E qual foi o caminho que nos levou à formulação desse conceito?

Atuação

Em *Amor de improviso* (2003 e em repertório), peça improvisacional, colocamos em xeque o conceito "personagem" e mergulhamos nas micropercepções advindas dos estados latentes das entidades enamoradas. Ali, o que se expressava através do jogo Campo de Visão era a configuração dessas latências e não personagens bem definidos inseridos em contextos claros. Entrávamos ali na ideia da não representação, da não interpretação, do ser atuante, das coisas que são vivenciadas e não traduzidas, da ideia de teatro enquanto acontecimento em presente absoluto.

Atuação estática

Em *Eu estava em minha casa e esperava que a chuva chegasse*, de Jean--Luc Lagarce (2007 e em repertório), começou a surgir em nós o conceito "atuação estática", advindo do Teatro Estático de Maeterlink e Rainer Maria Rilke. Isso porque, para dar conta da espera, da memória e do uso da imaginação desenfreada por parte das cinco mulheres, personagens da peça, fomos percebendo que o turbilhão interno necessitava de uma figura externa parada. A imobilidade externa fortalecia o torvelinho interior. A imobilidade exterior se tornava uma tela para as imagens processadas pelas personagens. Pulsão e silêncio. Órgãos em constantes rearranjos e imobilidade. Explosão e contenção.

Na atuação estática o que se vê é uma tormenta com a aparência de tranquilidade. Há algo de tranquilo em sua expressão. Tranquilidade provinda de sua imobilidade aparente. De seu corpo que é puro estado. É quando o estado se transforma em ação. Esse é um dos caminhos que trilhamos para o *corpo-paisagem*. Dar corpo aos estados. Fisicalizar, contornar, delinear os estados com osso, carne, pele e músculo. E preenchê-los com imaginação e memória.

Coro e protagonista

Em *Ifigênia* (2012 e em repertório), pudemos detectar o esmaecimento das linhas divisórias entre indivíduo e sociedade, entre individualidade e coletividade, entre coro e protagonista. Na verdade, a peça propõe o total esfumaçamento dessa separação. O que vemos em *Ifigênia* é um coletivo vivo articulando figuras e situações para melhor compreender sua trajetória. Em *Ifigênia*, o coro gesta, rege e experiencia todas as situações propostas pelo mito. Do coro advêm os protagonistas sem nunca se separarem dele. Revela-se, assim, o conceito geral do espetáculo: o coro é composto de individualidades ao mesmo tempo que o indivíduo contém a coletividade.

Para dar conta do tempo e do espaço míticos, algumas perguntas começaram a nos inquietar nesse processo: que lugar é o lugar do mito? Será o lugar em que tempo e espaço se fundem e se tornam uma coisa só? E em que lugar isso pode se dar? Será no corpo do ator?

O corpo como ser e como espaço. O corpo como *lugar*. O corpo do ator como figura e paisagem simultâneas.

O lugar da geografia

Através da ideia de o corpo ser um *lugar* onde podemos ver e sentir a manifestação de acontecimentos, ações, emoções e transformações, começamos a nos interessar pelas matérias e pelos conceitos formulados pelos geógrafos da Geografia Humana.[5] Frases como "espaço é movimento, lugar é pausa", de Yi-

---

[5] "A Geografia Humana é o estudo dos grupamentos humanos em suas relações com o meio geográfico. A expressão de meio geográfico é mais compreensiva que a de meio físico; ela engloba não somente as influências naturais que se podem exercer, mas ainda uma influência que contribui para formar o meio geográfico, o ambiente total, a influência do próprio homem. No início de sua existência, a Humanidade foi certamente escrava, pela sua dependência da natureza. Porém, o homem *nudus et inermis* não tardou a tornar-se, graças à sua inteligência e à sua iniciativa, um elemento que exerce sobre o meio uma ação poderosa. Torna-se um agente da natureza transformando a fundo a paisagem natural,

Fu Tuan, e "nossa natureza geográfica dá forma a um mundo e a nós mesmos, a nossas ações, nossa consciência e nossas preocupações morais", de Robert Sack, vitalizaram nossas inquietações a respeito do corpo-paisagem e nos levaram a nos aprofundar nesses conceitos e disciplinas.

Queríamos entender os espaços também como territórios externos a nós. Paisagens que podemos ver e penetrar. Da relação com o mundo exterior, com tudo aquilo que o cerca, através de sua percepção, o ator cria e/ou estabelece sua dimensão interior, que é um jogo de intensidades entre o material que ele traz de sua ancestralidade e a devida experiência perceptiva, para que depois haja total impregnação entre o corpo psicofísico do ator e a paisagem. O sujeito e o lugar funcionam como duas noções primordiais da experiência humana. O sujeito e o lugar são, cada um, constitutivos um do outro. E, nessa integração, ambos estão sujeitos a transformações de toda ordem, sejam espaciais, sociais, econômicas, políticas e individuais:

> Procuramos, com efeito, insistir sobre essa parte afetiva de um sujeito que se transforma, ele próprio, ao transformar o mundo no qual se insere. É o jogo do distanciamento do sujeito, ativo e autônomo, em relação ao seu ambiente que prende nossa atenção, a fim de apreendermos a construção do "entre-dois", que constitui, em nossa perspectiva, o *lugar*. Este exprime um trabalho do sujeito sobre o mundo e sua relação com o mundo; ele é, assim, tensão a dois títulos, mas também tensão entre sua própria singularidade, que ele constrói, e sua inscrição

---

criando associações novas de plantas e animais, os oásis para as culturas de irrigação, as formações vegetais como o matagal e a charneca em detrimento da floresta. E essas transformações se estenderam por diversas regiões porque há, de grupo para grupo de homens, as migrações, os empréstimos, as imitações. E essa ação das sociedades humanas sobre a natureza é tanto mais rica e mais forte quando as suas iniciativas as têm tornado mais capazes de ampliar seu raio de ação, de alcançar mais. A tais dados da natureza que o homem tem, por sua ação, profundamente perturbado: na Antiguidade, as ilhas Britânicas eram a extremidade do mundo conhecido, numa posição excêntrica; na época moderna, a partir da descoberta e do povoamento do Novo Mundo, elas ocupam uma posição central. Em nossos dias, a ação do homem sobre a natureza está se ampliando ainda mais em razão das armas que a ciência lhe tem dado e do domínio que os transportes lhe asseguram sobre as distâncias. Dessa maneira, as obras humanas oriundas de todo o passado da Humanidade contribuem para constituir o meio, o ambiente, o meio geográfico que condiciona a vida dos homens. Assim, podemos adotar como definição da Geografia Humana o estudo das relações dos grupamentos humanos com o meio geográfico" (Albert Demangeon – transcrito do livro *Problèmes de Géographie Humaine*. Paris, Librairie Armand Colin, 1952, pp. 25-34. Trad. Jaci Silva Fonseca).

no universal. É preciso, portanto, recolocar o sujeito na perspectiva das relações que a consciência de si mesmo mantém com o lugar.[6]

Vicent Berdoulay e J. Nicholas Entrikin

Essa noção certamente direciona nossa ação para o outro, para nosso entorno, para o mundo, um dos porquês mais consistentes do fazer teatral. Entender-se no aqui-agora, nesse espaço-tempo, nesse lugar; agir sobre ele e por ele ser transformado. Mas para isso precisamos de um sujeito (ator) dado às impregnações. Um sujeito que é afetado ao mesmo tempo que afeta seu entorno. Um sujeito da experiência que experiencia. Nas palavras de Jorge Larrosa Bondía,[7] um sujeito que é *território* de passagem, território por onde os acontecimentos passam, um sujeito que compreende seu *corpo* como um lugar, uma *paisagem*.

O Campo de Visão: os corpos e seus estados

O estudo prático e continuado do Campo de Visão nos abriu as janelas para conceitos como dilatação, concentração poética, suspensão espaçotemporal, consciência corporal e espacial, construção fluídica e dinâmica e, principalmente, nos aplainou o caminho dos *estados* do atuador. E aqui está outro conceito--chave para essa pesquisa: o conceito de estado. A ideia de ser constante fluxo, pois que sempre em acontecimento, à procura desse estado de permeabilidade e expansão que comunga e comunica o espectador.

O procedimento Campo de Visão exercita no ator uma *dinâmica de percepção*. Percepção dos elementos que compõem a cena, percepção da atmosfera criada, percepção do outro, percepção de si. Encontrar o "estado" da atuação, não mais da representação, nem da interpretação. O estado de ser, da experiência, do tempo presente absoluto. Ao longo do tempo, fomos elencando termos como ferramentas em busca desse estado de atuação: *reverberação*, que é quando nos colocamos no lugar de estarmos abertos ao outro, à música, ao tempo, à suspensão, ao espaço, às geografias, ao pensamento do outro, pensamento-corpo, um gesto que era de um e vai para o outro, composição de

---

6   Marandola Junior; Holzer & Oliveira, 2012, p. 103.

7   Bondía, 2002, p. 26.

cenas em ecos e somas; e principalmente o conceito de *estados da alma*, e não mais sentimentos e emoções. E assim o termo "corpo-paisagem" foi ganhando forma, relação entre interioridade e exterioridade por onde emergem os estados de alma que naquele momento eu sou.

Em meu doutorado "Arqueologia do ator: personagens e heterônimos", ao elaborar a argumentação de que a resultante do trabalho do ator seria um seu heterônimo, começava a me aproximar desse conceito ao estabelecer conexão com o semi-heterônimo de Fernando Pessoa, Bernardo Soares, autor do *Livro do desassossego*. Ali escrevi:

> É um "eu-paisagem", querido leitor, um eu que se esvaneceu nas imagens, um eu do poço sem fundo, um eu que se perde no deserto e que ruma em direção ao nada. É um eu que mergulha na verticalidade da interioridade e percorre a imensidão horizontal da paisagem. Ele se torna mesmo um "nada". Mas esse desvanecimento ao mesmo tempo compõe algo através da linguagem, através de um corpo de linguagem que não se prende às significações das palavras, antes começa a criar uma geografia dos estados da alma. A paisagem que ele começa a "ver" no fundo do poço profundo é a geografia desses estados, não como metáfora da alma, mas, sim, a enunciação do próprio estado. Bernardo Soares perverte a sintaxe porque as figuras de linguagem não são para ele suficientes. Elas não dão conta do sentido das suas sensações. E suas sensações pedem, clamam por sentido. Assim, a trama literária começa a ser gerada através do sentir das palavras. O sentir é que dá sentido às suas paisagens, e as palavras nos fazem sentir seus sentidos. Não por comparação, mas no próprio acontecimento de integração entre o sentir e sua anunciação. Bernardo Soares não descreve suas paisagens se utilizando do "como se", ele não descreve as paisagens, ele "é" as paisagens. Não se trata de metáfora, mas de acontecimento. Acontecimento que nasce do movimento da relação metafórica *entre* sujeito e objeto. Querido leitor, *O livro do desassossego* é a manifestação literária do riovivoso, um livro que ilumina o "entre", o "entre" que abole as dualidades.[8]

O ofício do ator, assim, pode também se definir na configuração, em seu corpo psicofísico, de paisagens emocionais e paisagens geográficas. Pegando emprestada uma passagem do *Livro do desassossego*: "Criei em mim várias personalidades... Tanto me exteriorizei dentro de mim que dentro de mim

---

[8] Lazzaratto, 2022, p. 200.

não existo senão exteriormente. Sou a cena viva onde passam vários atores representando várias peças".

Talvez aí, poeticamente, esteja a melhor definição de corpo-paisagem que possamos encontrar: *Um ator é uma cena onde passam outros "atores". O ator é um corpo-paisagem por onde passam todos os "personagens e seus lugares".*

O CORPO-PAISAGEM N'*O JARDIM DAS CEREJEIRAS*

A essa altura já se configurava em mim com mais clareza que o corpo do ator é ao mesmo tempo pessoa e paisagem, figura e fundo. E também que carrega a incrível capacidade de englobar o espectador na paisagem que se cria no momento de sua ação. O ator, assim, não deve se desvincular da paisagem, não deve ver seu ofício como algo que se estabelece fora dele, ou seja, um trabalho realizado, concretizado como um objeto. Seu trabalho é a manifestação de um "eu-paisagem", e nessa paisagem estão contidos o ator, as palavras do autor, a "mão" do diretor, os outros atores com seus heterônimos, a cenografia, a iluminação, a sonoplastia, o espaço cênico, os espectadores; tudo e todos contíguos, relacionados e interagindo, fazendo dessa paisagem não um quadro estático, mas sim uma paisagem dinâmica, repleta de movimentos e sensações.

Mas, para isso, deve-se exercitar profundamente a alteridade. Em nossa constante investigação sobre o Campo de Visão, pudemos perceber que o exercício de alteridade só se realiza plenamente quando o ator fricciona sua profunda identidade com outra identidade. E ali se experimenta ao mesmo tempo que se opera um *jogo de intensidades*.

Mas sobre qual material poderia se dar essa fricção? Depois de muito ler e pesquisar dramaturgias clássicas e contemporâneas, ensaios, músicas, fotografias e telas, a obra *O Jardim da Cerejeiras*, de Anton Tchékhov, foi a escolhida para ser ao mesmo tempo base e estímulo para o corpo-paisagem.

O Jardim das Cerejeiras é uma peça e é também uma paisagem. E que bela paisagem! Tão delicada, tão engraçada, tão profunda. Na obra de Tchékhov, o Jardim das Cerejeiras é muito mais do que um simples jardim; ele é um símbolo que representa todo um povo, toda a nação: "Seu Jardim é a Rússia inteira", fala Trofimov a certa altura da peça. Um símbolo de uma época, da derrocada de uma aristocracia, da manutenção da escravidão, da preservação da beleza etc... Mas quanto reconhecimento de nossa realidade, de nosso tempo, de nossa família vemos ali... Se o Jardim é a Rússia, ao assistirmos à peça sentimos que também é nosso, brasileiro.

Através de uma dramaturgia sólida, mas repleta de desvãos, de humor, de inércia, de contratempos, de solilóquios em meio a diálogos, e que apresenta, com muita clareza, a relação entre o mundo exterior e o mundo interior dos personagens, Tchékhov cria, nessa que veio a ser sua última peça, um simples jardim. Uma paisagem larga e profunda que causa tamanha identificação em todos os personagens; de certo modo, ao passarem por ele, passam por si; ao vê-lo, nele se enxergam, e tudo isso como uma sensação de simultaneidade.

Em suas entrelinhas, nos desvãos dos pensamentos dos personagens, nas brechas do tempo entre uma ação e outra, percebemos que os desejos individuais dos personagens, seus objetivos diretos ou sua inércia, estão inseridos em algo maior que eles mesmos. Toda ação individual acontece em um lugar que a cerca. Estamos sempre inseridos em uma paisagem, e essa relação é tão profunda que, ao estarmos inseridos nela, somos essa paisagem; e os traços de identidade de cada personagem fazem dessa paisagem, através deles, algo um pouco diferente. Cada personagem é também a paisagem, mas dá a ela uma peculiaridade própria. Assim, em nosso espetáculo, cada cena foi criada como se fosse uma paisagem, um quadro, criando uma delicada tensão entre imobilidade e movimento.

A profunda relação que os personagens têm com o Jardim, seja porque o amam ou porque o detestam, seja porque veem nele uma possibilidade real de prosperidade, ou porque sentem e sabem que ali é o seu lugar, o seu lar, a sua vida, fez com que elegêssemos *O Jardim das Cerejeiras* a paisagem com a qual nosso corpo vibra e vibrará diante do público e junto com ele.

Ensaios

Quando iniciamos o processo de montagem do espetáculo *O Jardim das Cerejeiras*, de Anton Tchékhov, logo no primeiro dia de ensaios, trouxe uma lista de intenções, reflexões e procedimentos, que serviria de guia para atravessarmos todo o percurso em busca do corpo-paisagem. Uma lista compacta, porém complexa, em que eu, como condutor dos trabalhos, intuía os meios pelos quais poderia estimular os atores a deixarem-se à deriva, o que àquela altura acreditava ser o primeiro passo para que cada ator/atriz estabelecesse conexão com a paisagem. Conexão essa que se daria certamente pelo exercício da *contemplação*, tão esquecida nas atuais realidades metropolitanas, mas também pela *ação* sobre o material poético e todo o imaginário que a grande obra de Tchékhov nos oferece.

A resultante do encontro entre contemplação ativa e ação sensível foi o que o processo de pesquisa sobre o corpo-paisagem buscou incessantemente. E até hoje, dois anos após a estreia de *O Jardim das Cerejeiras*, nosso interesse por essa busca continua vivo e se renova a cada apresentação que realizamos, pois o espetáculo se mantém ativo se apresentando em diversas cidades brasileiras.

Lista de procedimentos e intenções

Contemplação de tudo e do todo: sentir-perceber-entender a parte e o todo e o devir – metonímia e metáfora. Através dos cinco sentidos, através da imaginação.

Sentir-perceber-entender que é/está pertencente a um lugar: REAL, IMAGINADO, FICCIONAL. Mais que conectado a... e inserido em..., pertencente àquele lugar, e depois sentir/perceber/entender que É/ESTÁ O LUGAR.

Levar em conta o tempo: por isso ser/estar. Não necessariamente sou o lugar para sempre. Mas inevitavelmente o carrego sempre. Para sempre. Conexão e existência.

Sentir-perceber-entender que tempo é espaço e espaço é tempo. Colocar-se na duração das coisas e na eternidade do instante.

Parar. Sustentar. Continuar estando parado. Fluxo na imobilidade. Atuação estática. Sentir que as coisas passam por você, atravessam você. E você nas coisas.

Ser tela. Ser rio.

Sentir-perceber-entender que não há distinção entre ação e reação. E que o tempo e o espaço da ação e da reação são os mesmos, inevitavelmente. Ação e reação acontecem simultaneamente e estabelecem uma geografia, um território... seu corpo.

O corpo: imagem concreta de imobilidade e fluxo. Mesmo parado externamente, seu interior é ininterrupto, puro fluxo, sem pausa. O sangue segue, o pulso segue, a percepção segue, o pensamento segue, tudo segue. E nada fica, ou melhor, tudo fica no corpo. Memória.

Para o corpo-paisagem é necessário sentir-perceber-entender que CORPO É MEMÓRIA.

Ouvir música. Sentir-perceber-entender que ela cria espaços, territórios, geografias, paisagens. Paisagens sonoras. Música é fluxo. Seu corpo é estático. A partitura imóvel mobiliza a melodia. Os acordes estáticos produzem vento, ondas, vibram irremediavelmente. Soam, soam, soam, soam, soam...

Assistir-ver-ouvir-sentir-perceber-entender que Dominguinhos ao tocar/cantar sua sanfona é geografia. Ele, ao tocar, instaura um lugar. Seu corpo-voz--sanfona estabelecem, criam, são uma realidade densa, profunda e repleta de humores. Seu corpo é um corpo-paisagem.

Há outros exemplos: Keith Richard e sua guitarra. Além de sabermos que ela o move o tanto quanto ele a move, ambos, juntos, integrados, atávicos criam/são espaço onde podemos imprimir sensações, estados, figuras, desenhos, espaços, realidades, paisagens. Keith e sua guitarra são uma tela. São um rio.

Liúba e Ania lamentam a venda do Jardim.

CAPÍTULO 4
DIÁSPORAS E O CAMPO DE VISÃO

TELAL: Eu respeito vocês, parceiros. Cada um de vocês. Eu sou um P-Kwer e respeito vocês. Mas vocês não acreditam que as coisas podem ser diferentes. Um dia "nós" se transforma em "eles". "Eu", "você", "nós", "eles"... nada disso é sólido. São como gases. Eles se misturam. Como os gases dessa mina. Eles se misturam.
(Personagem de *Diásporas*.)

Foi ao longo do processo de O *Jardim das Cerejeiras* que a geografia e seus aspectos humanos começaram a fazer parte mais nitidamente da investigação. Como já dito, o termo *paisagem* entrou com muita força em meu imaginário e a partir dele a relação com o corpo e suas geografias. Se antes, em minha formação ainda no ensino médio, essa disciplina me foi cara – porque tive excelentes professores que me transmitiram uma paixão contagiante pela geografia, rendendo-me um olhar abrangente sobre as macroestruturas que constituem o planeta –, posteriormente, já trabalhando sobre e com o Campo de Visão, sempre foram notórios, em minha condução do exercício, os aspectos espaciais e seus desdobramentos. O espaço vazio, lugar clássico para que o Campo de Visão se desenvolva, sempre me foi especial; percebê-lo, jogar com ele, transformá-lo, agregar valores, definir regiões, planos, enfim, conduzir o grupo de atores a tirar proveito das inúmeras possibilidades poéticas que o espaço pode oferecer, entender sua geografia e ao mesmo tempo descobrir que é possível instaurar nele uma geografia específica de acordo com o material poético que esteja sendo processado, tudo isso é realmente muito estimulante à criatividade, além de desenvolver nos atores um "olhar de fora" indispensável à boa condução coletiva do exercício. E quando o Campo de Visão se estabelece como linguagem, esse domínio técnico se faz ainda mais necessário, porque sem essa noção espacial desenvolvida ele muito se fragiliza e a "cena" não se configura em toda sua potência.

Em 2014, ano da estreia de *O Jardim das Cerejeiras*, fui a Portugal com um grupo de 36 alunos, em convênio do Departamento de Artes Cênicas do Instituto de Artes da Unicamp com as universidades de Évora, de Lisboa e com a cidade de Santa Maria da Feira, para uma série de eventos que se desdobravam a partir de um eixo norteador, que era o espetáculo *O cortiço*, uma livre adaptação do romance de Aluísio de Azevedo, que dirigi conjuntamente com a professora Grácia Navarro no Projeto Integrado de Criação Cênica I, processo esse em que muito usei o Campo de Visão como procedimento criativo. Nas universidades portuguesas, tive a feliz oportunidade de aplicar oficinas de Campo de Visão a seus alunos de Artes Cênicas; além disso, instituímos diversas ações criativas nas cidades e nas universidades, e uma delas consistia em interferir num espaço público qualquer performando em *happening* a partir da musicalidade e dos corpos expressivos contidos no espetáculo. Em uma dessas experiências em frente a um supermercado local, depois de estabelecer as estratégias de ação que os alunos desenvolveriam naquele lugar, posicionei-me em frente à porta principal do mercado e pude presenciar a evolução coral daquele grupo de alunos se aproximando lá de longe, aos poucos, cantando e dançando, adentrando o estacionamento e em seguida tomando conta do saguão do mercado. Enquanto descreviam esse trajeto manifestando claramente aspectos culturais, elaborados na criação do espetáculo, calcados na realidade brasileira, um pensamento muito forte me ocorreu: "Parece uma diáspora ao contrário!" – devido ao número de atores em sua evolução coral e por sermos brasileiros em terras portuguesas. Pronto, foi semeada e semeei em mim o que viria a ser o novo processo de criação que viria a desenvolver: *Diásporas*. Nos dias que se seguiram, ainda em Portugal e durante todo o voo de volta, rascunhei as diretrizes gerais desse suposto projeto.

Ao voltar ao Brasil, narrei esse acontecimento aos atores da Cia. Elevador, contei-lhes as ideias sobre um novo processo de criação que tinha imaginado a partir dele, tendo foco nas diásporas e seus desdobramentos e... a ideia foi aceita de imediato e com entusiasmo pelo grupo. A partir daí, comecei a lhes contar o que tinha imaginado.

É importante dizer que a semente de *Diásporas* nasceu em 2014 e somente em 2017 o espetáculo veio a público, isso porque suas dimensões necessitavam de uma grande infraestrutura e apoios financeiros bojudos. Depois de algumas tentativas fracassadas de conseguir apoio, em meados de 2016 fomos contemplados com a Lei de Fomento e estabelecemos mais uma parceria com o Sesc. Sem esses dois apoios dificilmente o projeto sairia do papel, isso porque *Diásporas* foi um projeto que contou com uma equipe de mais de 60 pessoas de cidades diversas, sendo que 45 eram atores em cena. Uma empreitada colossal nos dias de hoje para um grupo de pesquisa alternativo. Mas como ele foi projetado?

Diásporas surgiu de duas necessidades: a de oferecer novos conteúdos à pesquisa do Campo de Visão e a de lançar um olhar ao mundo contemporâneo refletindo a respeito dos movimentos populacionais. Tema importantíssimo que nos últimos anos ganhou grande vulto, mas que na virada de 2014 para 2015 ainda não havia ganhado o devido espaço na mídia. Tudo o que veio a acontecer tragicamente meses depois com os desdobramentos da Guerra da Síria ainda estava por vir. De certo modo, nosso projeto antecipou essa triste e trágica realidade. O tema era e é forte o suficiente para ser estudado e processado, e o Campo de Visão, além de trazer ingredientes necessários para a empreitada, iria se potencializar com sua complexidade. Tema complexo somado a um procedimento de criação simples que expõe as complexidades... Pronto: *Diásporas* e o Campo de Visão.

Cerne deste livro, vale a pena ressaltar mais uma vez que o Campo de Visão é o lugar em que se sensibiliza, se joga e se busca entender a relação identidade-alteridade. No Campo de Visão, traços distintivos de um indivíduo, suas qualidades expressivas, seu *modus operandi*, sua gestualidade, sua simbologia – ou seja, sua identidade – interagem dinamicamente com as peculiaridades de outros indivíduos. O Campo de Visão é uma dinâmica coletiva, coral, tudo acontece em interação, em diálogo sensível entre o eu e o outro, num processo paradoxal, porque simultâneo, de assimilação dos traços do outro e reconhecimento dos próprios traços.

Desse modo, o Campo de Visão foi ao mesmo tempo um ótimo procedimento e o estruturador de linguagem para tratar dos movimentos populacionais que no mundo globalizado sacodem as estruturas, ressignificam geografias e territórios, trazem para a agenda dos governantes e empresários dos conglomerados financeiros, para os intelectuais de diversas disciplinas, para os artistas e cidadãos de todo o mundo, o debate em que a diferença, mais do que necessária, seja, talvez, constituinte da identidade.

> Resta acreditarmos, a busca de uma verdade que não se pretenda pré-potente; que não seja *reductio ad unum*; que acolha como nosso coração – toda forma; que contemple a "loucura" de uma viagem que, como pensava Lévinas, "do Mesmo vai em direção ao Outro e que nunca volta ao Mesmo". Do Uno ao Múltiplo. Porém, cuidado! Multiplicidade não significa relativismo. Um diálogo será tanto mais autêntico quanto mais evidentes forem as diferenças: diferenças necessárias, que me identificam e me dizem que só posso estar com o outro com base nessas diferenças: diferenças que são a premissa para uma inversão da dependência e da heteronímia em autonomia absoluta. É urgente, então, um pensamento radical, de consequências igualmente radicais; uma resolução ética, que subverta as categorias do "político". Não uma linguagem normativa ou um cálculo jurídico, mas uma extrema torção do sujeito, na incalculável obrigação de uma singularidade sem a qual não haveria responsabilidade. Poderíamos defini-la como uma ética da decisão que envolva o ser e as relações fora de todo cálculo contingente. Mas significa, em primeiro lugar, livrar-se da obsessão do definitivo, de regras universais e abstratas.[1]

Sim, investigar a questão da identidade em nosso século exige a abertura de um horizonte de pesquisa livre de preconceitos e princípios abstratos de identidade. A pesquisa psicanalítica contemporânea, segundo Maldonato, mostra como a identidade é derivada de um processo de múltiplas identificações,

---

[1] Maldonato, 2014, pp. 65-66.

"por uma 'negociação' constante das contradições e conflitos gerados por essas mesmas identificações". E mais uma vez a questão da alteridade surge fortemente em um processo de criação por mim conduzido e tendo o Campo de Visão como procedimento. Desde o princípio, no momento em que a ideia se mostrou a mim, esse conceito se apresentou como mentor e articulador de todos os elementos.

Por isso que muito do que apresentei como rascunho aos atores da Cia. Elevador naquele primeiro dia se manteve até o dia da estreia do espetáculo em maio de 2107 no palco principal do Sesc Pompeia com suas duas plateias abertas.[2]

Imaginei que *Diásporas* seria processado em três frentes, três culturas. Três coletivos teatrais, mas que fossem coletivos de mais de dez pessoas cada – o ideal era que houvesse quinze pessoas, para que os movimentos corais fossem de fato significativos em seu volume. Na primeira abordagem do projeto, a ideia ainda era estudar as diásporas ocorridas ao longo da história humana e estabelecer diálogo com os fluxos migratórios do presente, e de certo modo trazê-los à cena. Creio que, em nossa primeira formatação do projeto, esses objetivos foram colocados. Mas em pouco tempo essas premissas foram por terra. A realidade diaspórica contemporânea, motivada pelos cruéis e duros acontecimentos do Oriente Médio, se impôs de tal modo que qualquer tentativa de representá-la em cena seria frágil, pode-se até mesmo dizer ingênua. Há vezes em que nada é mais forte do que a realidade, e a arte que pretende espelhá--la integralmente sucumbe. Trago comigo essa abordagem, pelo menos acredito que em mim essa opção seja mais genuína, e certamente não invalida nenhuma outra, mas assim pelo menos sinto e esclareço: antes elaboro o gesto artístico na metáfora, através de simbologias, com distanciamento, construção formal e forte teatralidade, e aí o apresento ao espectador em sua realidade. *Grosso modo*, a "cena" muito colada na realidade e no cotidiano me serve como estímulo para reconhecer seus elementos estruturantes. Para mim, o contemporâneo está repleto de passado. E desejo de futuro. Prefiro as fábulas, as histórias, os mitos e seus arquétipos, os fundos, as bases fundadoras, o que se entrevê, a imensidão íntima repleta de horizontes exteriores. Teatro como ponte entre os tempos, e

---

[2] Disponível em <https://drive.google.com/drive/folders/1_-rs9TohsYsPgstgnGgRdNZqv7B GoM8R?usp=sharing >.

não como reprodução da realidade. A fragmentação do contemporâneo é de tal ordem que um gesto particular se efetiva somente no particular; e o teatro é arte coletiva que nasce de todos e se endereça a todos. E creio que nada melhor do que uma boa história para gerar conexão integradora. Nosso tempo se mostra carente de alteridades.

Formulei, então, uma mudança de rota sem mudar as estruturas básicas do projeto. Precisaríamos, sim, de três coletivos com 15 atores cada. Essa era a condição essencial do projeto. Vasculhando possibilidades, optamos por um coletivo definido pelos próprios atores da Cia. Elevador somado a atores que um dia fizeram parte da Cia. – lembrando que àquela altura já tínhamos 16 anos de existência e muitos atores e atrizes conosco trabalharam ao longo dos anos em diferentes durações de tempo; um segundo coletivo seria composto pelo grupo Os Barulhentos, que era conduzido por um dos atores da Cia. Elevador, Rodrigo Spina; e o terceiro não poderia deixar de ser a Cia. Histriônica, composta à época pelos atores recém-formados na Unicamp, os atores e as atrizes de O cortiço que me haviam proporcionado o insight sobre as diásporas naquela tarde em Portugal...

Convites feitos, convites aceitos. Mas em que consistia o convite? Em vez de estudarmos e reproduzirmos de maneira estilizada culturas que sofreram diásporas em nossa história, resolvi propor que criássemos culturas nascidas e desenvolvidas em regiões geográficas específicas. Sim, seria uma criação de culturas imaginadas a partir das relações com a natureza. E assim escolhi três elementos: Montanha, Deserto e Mar. Cada coletivo seria por mim conduzido em um processo de criação de uma cultura: propus que o coletivo Elevador ficasse com a cultura nascida e desenvolvida na Montanha; Os Barulhentos, com a cultura do Deserto; e a Histriônica, com a cultura do Mar.

Semanalmente me desdobrava em ensaios com os três grupos em separado; seria impossível reunir diariamente 45 pessoas para ensaiar, ainda mais que um dos grupos estava sediado em uma cidade distinta. Logisticamente era inviável. Em vez de se deslocarem 30 pessoas, deslocava-se uma, ou seja, eu fiz a peregrinação semanal pelos três coletivos ao longo de todo o processo de ensaios. Mas o que mais importa aqui ressaltar é que tudo, toda criação de cada cultura, se deu através do Campo de Visão. Toda gestualidade descoberta, toda postura corporal, os personagens e suas relações, a dinâmica de seus ritos sagrados e danças, seu tons, timbres e grunhidos, tudo foi descoberto e processado em Campo de Visão. Pela primeira vez em minha trajetória de artista-pesquisador, pude deparar com tamanha magnitude de elementos postos à mesa para serem organizados, ordenados e traduzidos em forma de cena, de coreografia, de marcas e vetores. Criar em Campo de Visão a partir dos elementos geográficos e mais nada.

Não queria trazer às nossas três culturas nada que já tivesse sido processado anteriormente, aspectos reconhecíveis de tal ou tal cultura. Pelo menos a busca não era essa. Tratava-se de procurar e processar o material em relação com o elemento natural geográfico: o que a Montanha traz? O que ela nos mostra? Que tipo de corpo nela vive? Quais as características de uma pequena sociedade que nela se desenvolve? Qual o seu sagrado? Qual o seu profano? Qual a origem de tal ritualização? Como anda um povo da Montanha? E o do Mar? O que faz a pedra em nossos pés? E a areia? Quais animais lhes são necessários e quanto deles se percebem nos corpos humanos? E as ferramentas? As ferramentas da Montanha geram gestualidades arraigadas, e estas formam quais corpos? E esses corpos definem qual moralidade? E as ferramentas úteis ao Deserto? Como se move e gestualiza um corpo de um habitante do Deserto ao manipular tal ferramenta? Qual o vento que venta na Montanha? E a diferença do vento que venta no Deserto? E no Mar? Como tal corpo se relaciona com tal vento? E isso produz que tipo de imaginário? Qual o imaginário específico do habitante da Montanha? O que ele carrega em si, independentemente de sua vontade? O que lhe é anterior, basilar? E quais histórias o povo do Deserto conta? E o povo do Mar? Como se articulou a sua língua de acordo com aquele corpo em relação àquele elemento geográfico? Qual o som daquela palavra? Como se dão as suas tônicas? Qual a melodia de sua língua? Quais os seus sons? Qual sua moralidade? Seus temperamentos? O quanto são agressivos, solenes, quietos, barulhentos? Enfim, quem são aqueles indivíduos com aqueles corpos específicos e como se comportam em todos os sentidos porque nasceram em profunda relação com aquela geografia?

Esta era a base do projeto: conceber três culturas através do Campo de Visão ancoradas em suas geografias. A cada dia de ensaio, eu estimulava os atores de cada grupo com essas perguntas e tentávamos respondê-las no Campo de Visão. A dramaturgia de Cássio Pires foi sendo escrita assim num primeiro momento. As bases todas vieram dessa primeira e profunda etapa do trabalho. Na segunda e na terceira etapas, o dramaturgo desenvolveu personagens e contextos fundamentados nos fatos geradores da diáspora. É importante também ressaltar a musicalidade. O parceiro de criação e compositor Gregory Slivar concebeu, inspirado naqueles corpos e dinâmicas que vinham sendo processados nos ensaios, timbres, tons e cantos específicos de cada cultura, com um uso criativo que misturava cordas e tambores de diversos tipos e formatos, que eram executados ao vivo tanto por ele como por diversos atores que se revezavam no manuseio de instrumentos musicais. O trabalho tinha o sentido da coralidade em todos os seus segmentos. Tudo se articulava como um campo de possibilidades, e os corpos de cada cultura se mexiam inseridos em uma roupagem concebida por Chico Spinoza, que reforçava ainda mais as características expressivas essenciais de cada cultura nascida em interação com seu elemento natural.

O MAR, A MONTANHA E O DESERTO

> [...] o homem é agenciado pelo ambiente geográfico: ele sofre a influência do clima, do relevo, do meio vegetal. Ele é montanhês na montanha, nômade na estepe, terrestre ou marinho. A natureza geográfica o lança sobre si mesmo, dá forma a seus hábitos, suas ideias, às vezes a seus aspectos somáticos.
> Eric Dardel

Montanha.

Deserto.

Mar.

Nesse processo de *Diásporas*, aproximei-me ainda mais de um setor da geografia denominado Geografia Humana. Se antes já havia travado relação com o pensamento de Milton Santos em leituras movidas pela curiosidade e pela paixão pelo tema, aqui suas palavras e articulações fizeram mais sentido: o modo de operacionalizar a vida cotidiana nas pequenas estruturas sociais gera subsistência, caminho para uma vida mais estável em comunidade. Essa reflexão de certo modo indicou como deveria estimular os atores a criar suas comunidades. Mas também muito me encantaram os pensamentos de Eric Dardel, Yi-Fu Tuan e Jean-Marc Besse, que me foram apresentados pelo colega, professor de geografia da Unicamp, Eduardo Marandola Jr., a quem recorri ainda na época de *O Jardim das Cerejeiras*. Marandola participou efetivamente da fase de estudos dos ensaios de *Diásporas* conversando com a equipe de criação e compondo uma mesa de debates sobre a Geografia Humana. Eduardo é organizador do livro *Qual o espaço do lugar?*, além de autor de um dos artigos ali contidos, título que veio ao encontro de minhas intuições em estabelecer, no espaço vazio de *Diásporas*, um "lugar" a partir dos gestos, movimentos, dinâmicas e ritmos processados em cada cultura pelos atores. Desse modo, o espaço vazio do palco se tornaria montanha, se tornaria mar, se tornaria deserto.

O Mar em movimento.

"O lugar é construído a partir da experiência e dos sentidos, envolvendo sentimento e entendimento, num processo de envolvimento geográfico do corpo amalgamado com a cultura, a história, as relações sociais e a paisagem",[3] escreve Marandola no prefácio de um livro de Yi-Fu Tuan, para mim conso-

---

[3] Tuan, 2013, p. 7.

nante e guia do processo de criação de *Diásporas* e deixando muito clara a aproximação da geografia com as humanidades, e aqui mais de perto com as artes, fortalecendo ainda mais as escolhas criativas propostas a cada coletivo durante os ensaios.

Precisávamos imaginar, e recorrer às características reais de cada elemento, para conceber cada cultura. Em Campo de Visão, um gesto de pesca gerava uma sonoridade vocal que ajudava a compor um ritmo sonoro que desembocava numa dança ritual de acasalamento. Esse foi um dos caminhos percorridos para configurar traços específicos da cultura Mar. No Deserto, a relação com os camelos – subir, montar e andar sobre eles – desencadeou uma série de posturas, padrões gestuais e estruturas físicas que se tornaram elementos fundamentais daquela cultura. Assim como o gesto "facão" da Montanha, nascido de um improviso em Campo de Visão, em que os habitantes caçavam um animal montanhês e em seguida o destrinchavam com facão representado pelas mãos e pelos braços dos atores. O facão determinou a tônica do temperamento daqueles indivíduos, calados, duros e rascantes, oferecendo-nos elementos dramáticos consistentes; ele se tornou o único objeto real que aparece em cena em um momento crucial daquele povo quando uma mãe, com ele, mata uma de suas filhas para impedir que fosse traficada pelos invasores.

O Deserto em dança ritualística.

DIÁSPORAS E O CAMPO DE VISÃO

A Montanha se armando para o embate com o invasor.

Pelas fotos é possível notar as diferenças culturais estabelecidas tanto nas cores e vestimentas como nas atitudes físicas dos coletivos. O Mar, todo insinuante, circular e dançante como as marés, cheio de juventude fertilizadora; o Deserto, todo guerreiro, forte, pernas abertas bem postadas no chão, cheio de barulho e inquietação; e a Montanha, estática, retilínea, calada, mística, cheia de tradição e princípios morais. Essas características foram todas gestadas no Campo de Visão e também nele foram desenvolvidas e apuradas.

Confesso que o processo de criação de *Diásporas* é inesquecível. A quantidade de criatividade processada em cada encontro com cada coletivo era de tal ordem que o corpo demorava muito para se aquietar; talvez nunca tenha se aquietado por completo. Em Campo de Visão tudo se potencializa. O gesto de um se torna de todos, a ideia de um contagia por contiguidade um e outro que investem naquela ideia e a transformam contagiando outros e assim por diante. E a mim, o olhar de fora, condutor e estimulador, não podia perder nessa avalanche de possibilidades criativas os critérios e o eixo norteador daquela cultura que estava sendo gestada; ou melhor, ao conduzir o processo no Campo de Visão, estava também imerso na criação entendendo e selecionando no mesmo instante os melhores aspectos que bem definiriam aquela cultura. Pois, embora intuísse previamente quais seriam esses aspectos somados à bela pesquisa iconográfica e histórica de cada elemento que realizamos, sabia que a prática redimensiona e revela sempre aspectos inusitados. Ainda mais um processo improvisacional de criação, como é sempre o processo através do Campo de Visão. E, além disso, havia o gerenciamento humano de 45 atores, com suas ansiedades, seus desejos e suas escolhas, somado a uma logística que a cada momento aumentava exponencialmente. É fácil imaginar que, quando se pensava num calçado, precisava-se pensar em 45; quando se pensava em um tecido específico, a metragem deveria cobrir 15 corpos; quando se imaginava um adereço, ele deveria estar disponível em grande quantidade. Sem contar a quantidade de maquiagem necessária para abastecer diariamente os 45 corpos ao longo de toda a temporada. A sintonia da equipe de produção capitaneada por Anayan Moretto, comigo na direção e com o figurinista Chico Spinoza, foi indispensável para que chegássemos à estreia com pouquíssimas ocorrências operacionais.

Muito poderia me deter em destrinchar aspectos da criação em cada um de seus elementos, música, dramaturgia, figurino, iluminação. Mas aqui a ênfase está no Campo de Visão no processo criativo de *Diásporas*. Por ora, *grosso modo*, digo a seguir linhas gerais da obra com algumas fotos que ilustram acontecimentos dos três atos que a configuraram.

Diásporas conta a história de três culturas nascidas e desenvolvidas da relação com ambientes geográficos distintos e contundentes: uma cultura que nasceu na Montanha, uma outra no Mar e ainda outra no Deserto. O vento, símbolo da polinização e da dispersão e pertencente indistintamente a cada uma dessas regiões geográficas, é o elemento que rege toda a encenação. O espetáculo se estruturou em três movimentos divididos em dois atos:

I – Mito de origem – nascimento e instauração de cada uma das três culturas.

II – Cataclismos e/ou guerras promovem a saída de cada cultura de seu ambiente de origem iniciando o processo diaspórico.

III – Encontro entre os indivíduos das culturas em um local não pertencente a eles: tensão e alteridade.

Trata-se, assim, de uma criação. *Diásporas* não teve a pretensão de contar ou representar movimentos diaspóricos históricos de qualquer período. Certamente não daríamos conta de aspectos atávicos e particulares àquelas culturas e todas as suas contradições.

Mar

Rito de fertilização do povo do Mar – 1º ato.

Chegada dos soldados na ilha do povo do Mar – 2º ato.

O pastor invasor seduz com sua crença o povo do Mar e o leva, culturalizando-o em sua embarcação – 3º ato.

Deserto

Ritual: o sol, o tempo e a colheita – 1º ato.

Guerra civil entre os povos do Deserto – 2º ato.

O povo do Deserto, enfraquecido após guerras civis, é levado a trabalhar nas minas de ouro pelo e para o invasor – 3º ato.

Nosso *Diásporas* desejou, sim, reavivar, pelos aspectos geográficos, a relação ser humano-natureza e seus mitos de origem, bem como tecer um fio narrativo de invasão, dominação, dispersão e sufocamento de culturas, espelhando o que o processo colonizador gerou e ainda está a gerar. Desejou lançar luz ao conceito de alteridade indispensável para bem vivermos em um mundo de tantos diferentes-semelhantes. Atentar ao perigo das homogeneizações, higienizações, moralizações, que o mundo globalizado pode impor: o passar a régua nas arestas e eliminar as diferenças em nome de um suposto melhor modo de vida.

Montanha

Rito de semeadura e caça – 1º ato.

O invasor bufão e seus asseclas chegam na Montanha – 2º ato.

O invasor traficará as filhas da Montanha como "mão de obra" barata em seus hotéis de veraneio – 3º ato.

Eu e o outro. Nós e eles. Você e eu. Olhar antes para o que nos distingue e perceber/sentir/entender que no espaço existente entre nós talvez esteja nossa beleza e nossa potência como espécie.

Segue artigo publicado na revista do Simpósio Internacional Repensando Mitos Contemporâneos – *Babel*, vol. 1. Campinas, 2018, pp. 31-36.

Diásporas no Campo de Visão

O conceito fechado de diáspora se apoia sobre uma concepção binária de diferença. Está fundado sobre a construção de uma fronteira de exclusão e depende da construção de um "outro" e de uma oposição rígida entre o de dentro e o de fora. Porém, as configurações sincretizadas da identidade cultural requerem a noção derridiana de *différence*, uma diferença que não funciona através dos binarismos, fronteiras veladas que separam finalmente, mas são também *places de passage* e significados que são posicionais e relacionais, sempre em deslize ao longo de um espectro sem começo nem fim.[4]

2015: Em meio ao processo da globalização em que defensores e contrários a ela manifestam-se com fortes argumentos em todos cantos do mundo, com a intensa discussão sobre fronteiras e territórios, povo e nação, identidade cultural e pasteurização de costumes e comportamento, xenofobia e assimilação, nós, da Cia. Elevador de Teatro Panorâmico, grupo de teatro de pesquisa, brasileiro, descendente de misturas culturais, sediado na cidade de São Paulo, metrópole onde convivem povos de inúmeras culturas e que, diariamente, geram e influenciam comportamentos, escarram contradições, desníveis socioeconômicos, manifestam-se artisticamente e procuram encontrar aqui um lugar de reconhecimento e pertencimento; em meio a tudo isso, decidimos investigar os deslocamentos populacionais no que chamamos de Projeto Diásporas.

Esse projeto se concretizou somente em 2017 graças à Lei de Fomento ao Teatro da Secretaria Municipal da Cultura da cidade de São Paulo e com a parceria estabelecida com o Sesc – São Paulo. Além da Cia. Elevador de Teatro Panorâmico, proponente e articuladora do projeto, ele contou com duas outras companhias teatrais que foram convidadas a participar da empreitada: Os Barulhentos e a Cia. Histriônica de Teatro. O espetáculo *Diásporas*, ação central do projeto, estreou em 5 de maio de 2017 no Sesc Pompeia – SP. Em seguida fez apresentações, no Jardim da Luz e na Galeria Olido, encerrando seu percurso como espetáculo convidado à abertura do II Simpósio Internacional Repensando Mitos Contemporâneos – Babel: tradições, traduções e traições, no Instituto de Artes da Unicamp.

A HISTÓRIA PASSADA E RECENTE

Muitas foram as diásporas ao longo dos tempos. A primeira e a segunda diásporas gregas definiram o termo: diáspora vem do grego *diasporá* que quer dizer "dispersão". Entre os séculos XII e VIII a.C. o povo grego, movido pela

---

[4] Hall, 2008, p. 33.

invasão dórica, alcançou territórios da Ásia Menor e ilhas do mar Egeu. Outros movimentos diaspóricos importantes aconteceram ao longo da história como o dos hebreus em exílio na Babilônia e o dos africanos no longo processo de escravidão. Este último, somado às diásporas de italianos, árabes e japoneses no final do século XIX e no início do XX, ajudou a constituir nossos traços culturais.

Muitos são os estudos a respeito do assunto. Ao longo do século XX os historiadores o abordaram com viés antropológico e/ou sociológico, e alguns filósofos não poderiam deixar de refletir a respeito a partir dos anos 1960, quando, com o avanço das tecnologias, o mundo definitivamente indiciou aspectos da globalização e com ela guerras eclodiram em várias partes do mundo, movidas pela tentativa de preservação tanto de territórios quanto de costumes.

Mais recentemente, dados das Nações Unidas indicam que, pela primeira vez na história, os fluxos migratórios Sul-Sul se equiparam aos deslocamentos populacionais em direção ao Norte. A crise econômica e o desemprego nos países desenvolvidos explicam parcialmente o fenômeno. Sabemos que a decisão de imigrar não é uma escolha de cunho estritamente racional e individual, associada apenas a fatores econômicos, como a busca por emprego e melhores salários. No mundo globalizado, as redes sociais, a família e os amigos têm um peso importante nessa decisão, muitas vezes motivada por guerras ou desastres naturais.

O Projeto Diásporas se interessou pelo tema por reconhecer nos movimentos populacionais que estão acontecendo na atualidade um sintoma que nos afeta em muitos níveis. Além do alcance e do reconhecimento de outras culturas que qualquer pessoa pode ter a partir dos meios tecnológicos, bem perto de nós, a cidade de São Paulo, nos últimos tempos, tem recebido massas populacionais que procuram em nossa sociedade um lugar para um suposto melhor viver. Essas pessoas procuram trabalho em busca de sobrevivência, vivem em condições precárias porque, *grosso modo*, as entidades governamentais não estão aparelhadas para dar assistência adequada aos estrangeiros e refugiados.

Segundo dados da Polícia Militar – obtidos em janeiro de 2015 –, houve a imigração (oficial ou como refugiados) de indivíduos de mais de 190 nacionalidades diferentes para o município de São Paulo nos últimos dez anos.

CAMPO DE VISÃO: UM EXERCÍCIO DE ALTERIDADE

Entre eles destacam-se as populações migratórias da África (principalmente do Congo, de Senegal, de Burquina Faso, da Nigéria e de Mali – mais de 2 mil indivíduos), do Haiti (4.500 indivíduos), da América do Sul (principalmente da Bolívia, do Peru, do Paraguai e da Colômbia – mais de 80 mil indivíduos), do Oriente Médio (6 mil indivíduos) e da Ásia (mais de 36 mil indivíduos).

A questão é bastante complexa. Haitianos, angolanos, coreanos, bolivianos e colombianos de certo modo conseguem trabalho, há um esforço nesse sentido, mas muitas vezes em péssimas condições. Muitas denúncias já foram feitas a esse respeito, e, além disso, sabemos que o emprego é apenas um dos elementos que podem levar à inclusão social, mas não é suficiente. Outras operações e vivências devem ser proporcionadas a esses imigrantes para que seus traços distintivos, sua cultura, possam de fato entrar em contato com outra cultura, no caso a nossa, e, aí sim, estabelecer diálogo, reconhecimento e integração.

Nós, da Cia. Elevador, acreditamos que ações artísticas, de qualquer linguagem, vinculadas às questões públicas podem, através de suas características essenciais, por operarem no simbólico, expandindo a reflexão sobre a realidade e suas contradições sociais, colaborar ao processo de reflexão e implementação de políticas públicas de apoio à diversidade cultural, convertendo-se em um fator de desenvolvimento socioeconômico e cultural para todos. E o Projeto Diásporas nasce com essas inquietações.

IDENTIDADE CULTURAL

A questão da identidade está sendo extensamente discutida na teoria social. Em essência, o argumento é o seguinte: as velhas identidades, que por tanto tempo estabilizaram o mundo social, estão em declínio, fazendo surgir novas identidades e fragmentando o indivíduo moderno, até aqui visto como um sujeito unificado. A assim chamada "crise de identidade" é vista como parte de um processo mais amplo de mudança, que está deslocando as estruturas e processos centrais das sociedades modernas e abalando os quadros de referência que davam aos indivíduos uma ancoragem estável no mundo social.[5]

---

[5] Hall, 2006, p. 102.

Aliamo-nos à seguinte definição de cultura: "O conjunto de realizações humanas, materiais ou imateriais, que nos leva a caracterizá-la como um fundamento básico da história, que por sua vez pode ser definida como o estudo das realizações humanas ao longo do tempo".[6]

Se, por um lado, entendemos identidade cultural não como um conjunto de valores fixos e imutáveis que definem o indivíduo e sua coletividade, mas, sim, como um conjunto vivo de relações sociais e patrimônios simbólicos historicamente compartilhados entre os membros de uma sociedade, por outro, reconhecemos que valores intrínsecos ao indivíduo não desaparecem mesmo em contato com outros meios culturais. Sabe-se que o estrangeiro se reconhece e valoriza em si muitas vezes os valores de sua terra quando distante dela. Preservação, mistura e transformação parecem ser os ingredientes que devem ser operados num mundo supostamente sem fronteiras.

Nosso processo de criação necessariamente mergulhou nessas questões para poder conceber através de todos os elementos que constituem a cena, dos plásticos aos musicais, dos literários aos espaciais, populações que constituíssem povos que definissem uma nação com traços próprios, nascidos e desenvolvidos através do tempo e dos acontecimentos. Concebemos no espetáculo *Diásporas* três culturas, três etnias, três povos.

Queríamos avaliar em nós e no meio em que estamos inseridos a questão da preservação ou não das identidades culturais. Embrenhar-nos no debate entre aqueles que entendem que talvez a identidade seja dinâmica e se modifique através dos intercâmbios promovidos pela globalização, e aqueles que entendem que a preservação das raízes é necessária para que os indivíduos não percam sentido. Ou seja, aprofundarmo-nos ainda mais na relação identidade/alteridade,

_____

[6] Silva & Silva, 2006.

cerne de nossa pesquisa com o Campo de Visão e, quiçá, enveredar por um caminho do meio, alheio a qualquer dicotomia.

Depois de tantos anos e muitos trabalhos realizados em que investigamos a linguagem cênica utilizando os mais variados temas e peças teatrais, dos clássicos à invenção de teatralidades contemporâneas, já está evidente que o que nos define como coletivo, o que podemos reconhecer como nossa identidade cultural, é o pressuposto estético e o sistema improvisacional coral Campo de Visão, e o tema "diáspora" nos ofereceu muitos e diversos ingredientes para a continuidade de seu desenvolvimento.

Cena de *music hall* em *Diásporas*.

CONCLUSÃO

GERÚNDIOS COMO ARREMATE

Deslizemos, então, no fluxo ininterrupto que sentimos quando inseridos no Campo de Visão; assumamos os gerúndios como potência, como possibilidade, e percebamos que somos a conexão dos ontens com os amanhãs, mas que devemos estar atentos ao agora, atentos ao instante presente do teatro. Teatro, a arte do encontro no presente. Atualmente a pesquisa está inserida novamente em solo grego escavando-se com *A Trilogia Tebana*, de Sófocles, em um projeto intitulado Tebas, que foi interrompido no início de 2020 por conta da pandemia, mas que se manteve forte e saudável à espera do momento de ser retomado e vir a público. Em 2021, a convite do Sesc Pinheiros, realizamos um videodocumentário sob minha direção, *Escavando Tebas*, sobre o processo de criação do espetáculo. Trabalho que nos deu muito orgulho e que pode ser visto neste *link* em qualquer horário: <https://www.youtube.com/watch?v=xKHpkkbmOvo&t=236s>.

TEBAS E O CAMPO DE VISÃO – MITO E CONTEMPORANEIDADE

Para comemorar os 20 anos da Cia. Elevador, demo-nos o difícil desafio de vasculhar a fundo as estruturas clássicas, e para isso escolhemos, então, trabalhar poeticamente com *A Trilogia Tebana* de Sófocles, composta pelas peças *Édipo Rei, Édipo em Colono e Antígona* e que culminou em uma nova dramaturgia, por mim realizada, entrelaçando as três peças, que é a base para a montagem do espetáculo *Tebas*.

A simultaneidade de tempos propostos pela dramaturgia enfatiza um olhar contemporâneo ao mito. Em *Édipo Rei, Édipo em Colono e Antígona* percebem-se, percorrendo o fio integrador de sua trajetória, alicerces fundamentais de nossa sociedade e que se manifestam na atualidade com muita clareza: ali se apresentam, se questionam e se discutem *tirania e democracia*; *patriarcado, território e exílio*; *masculino e feminino*; *guerra e paz*; *lei divina e lei humana*; *destino e livre-arbítrio*.

É importante salientar que os mitos organizam os valores e os questionamentos de uma sociedade. Eles são um território estável sobre o qual a sociedade vai se debater sem se perder em infinitas possibilidades. E, para nós, o mundo contemporâneo, em sua fragmentação, parece desorientado, fragilizado em suas instituições e perdido num mar informacional. "Longínqua ou não, a mitologia só pode ter um fundamento histórico, visto que o *mito é uma fala* escolhida pela história; não poderia de modo algum surgir da 'natureza das coisas'". Esse pensamento do semiólogo Roland Barthes nos calçou exatamente onde queríamos: o projeto Tebas escolheu contar essa história como uma "fala" para o nosso momento histórico, pois estabelecer diálogo entre esse atual estado de coisas e os mitos parece-nos, sempre, fundamental. Essa escolha se torna ainda mais necessária se levarmos em conta a afirmação de Viveiros de Castro: "O mito, então, é uma história do tempo em que os homens se comunicavam com o resto do mundo". Pois é mais do que notória a afirmação segundo a qual a degradação de toda espécie, seja moral, política ou social, da contemporaneidade muito se deve ao fato de o bicho-homem ter se separado, em sua soberba, da natureza.

Os materiais clássicos, e aqui mais de perto a Trilogia Tebana, só o são porque permitem que as questões humanas sejam analisadas e refletidas profundamente por variadas disciplinas ao longo dos tempos possibilitando uma diversidade de abordagens a respeito da humanidade e de sua vida em sociedade. Nem é preciso lembrar da análise psicanalítica de Édipo Rei por Sigmund Freud que até hoje repercute como uma teoria central da psicologia. Ou, por outro lado, o que teria acontecido se a psicanálise no início do século XX tivesse tomado Antígona, em vez de Édipo, como ponto de partida? Pergunta desconcertante que Judith Butler se fez e nos faz em *O clamor de Antígona: parentesco entre a vida e a morte* no início do século XXI. Desde Platão e Aristóteles, passando por Hegel, Nietzsche, Schopenhauer e mais recentemente Freud, Jung, Hillman, Barthes, Foucault, Deleuze, Guattari e Viveiros de Castro, as tragédias clássicas são matéria basilar para o pensamento humano que se articula na psicanálise, no direito, na filosofia, nas ciências sociais e nas artes.

A PESTE, A PALAVRA E O TEATRO COMO CONTÁGIO

Quando a peste se instala numa cidade, as relações naturais desaparecem. Não existe mais lixo, nem exército, nem polícia, nem municipalidade. Surgem fogueiras para queimar os mortos. Ruas inteiras são barradas por montanhas de mortos. Das casas abertas saem os pestilentos delirantes, gritando pelas ruas. É então que o teatro se instala. É a disponibilidade imediata que leva aos atos inúteis. O filho, até então virtuoso e submisso, mata o pai; o casto sodomiza o primeiro que encontra. Os luxuriosos ficam puros; o avarento atira punhados de ouro pela janela. O herói incendeia a cidade que antes tinha lutado para salvar. As imagens da peste são as últimas fagulhas de uma força espiritual que se esgota; as imagens da poesia no teatro são uma força espiritual que começa no sensível e ultrapassa a realidade. Como a peste, o teatro refaz a ligação entre aquilo que é e aquilo que não é. Como a peste, o teatro nos restitui todos os conflitos que dormem dentro de nós. Como a peste, o teatro é a imagem da carnificina, da separação essencial. Ele desnuda conflitos, libera forças, detona possibilidades. Como a peste, o teatro é uma revelação. É um avanço. A peste é um mal superior porque é uma crise completa, depois da qual resta apenas a morte ou a extrema purificação. Como a peste, o teatro é uma crise que só se resolve na morte ou na cura. Ele convida os sentidos ao delírio que exalta suas energias e força os homens a se verem como são. Faz cair as máscaras, desnuda a mentira, a fraqueza, a baixeza, a desonestidade.

Antonin Artaud
(Tradução de José Rubens Siqueira)

Essa citação de Artaud foi de extrema importância e pertinência para esse projeto. Primeiro, de maneira objetiva, porque o mito de Édipo Rei se inicia justamente quando a cidade sofre com a peste que vem devastando gentes e a produção de alimentos – impossível não estabelecer relação com a recente atualidade quando o mundo sofreu uma pandemia por conta de uma "peste" viral. Segundo, pela força-ideia do contágio que a peste provoca. Todos somos contagiados por ela; e aí reside a força do "teatro como peste" proposto pelo teatrólogo francês. E se aqui decidimos vasculhar as estruturas centrais da civilização ocidental, nada mais significativo que as busquemos motivados pelo ímpeto da peste que faz nascer um teatro "como crise que só se resolve na morte ou na cura". Teatro como revelação e entendimento. Não nos esqueçamos de que *Édipo Rei* é a tragédia do indivíduo que vai em busca de si mesmo. Revelação e entendimento. Morte e cura.

E, em minha versão dramatúrgica, que cria um entrelaçamento das três peças que compõem a Trilogia Tebana, esse entendimento se torna ainda mais completo, pois nela temos o personagem Édipo envelhecido que experiencia o passado, o presente e o futuro de sua família amaldiçoada em um mesmo instante. Em chave metalinguística ele está nos três tempos vivenciando os dilemas, os mistérios, as dores, as perdas, as guerras, as angústias que atormentam Tebas e seus habitantes. É a figura humana que vê e revê incessantemente as causas e consequências de suas escolhas. É importante salientar que, nessa nova dramaturgia, o coro se torna um personagem interpretado por um único ator e, assim como Édipo, perpassa os tempos, pois sabemos que, ao fim e ao cabo, somos todos nós, cidadãos comuns, que atravessamos as épocas e seus imaginários geração seguida de geração, sempre sujeitos aos governantes e aos seus sistemas de governo.

Se apostamos nessa simultaneidade de tempos na estruturação da linguagem enfatizando um olhar contemporâneo ao mito apoiado nas muitas descobertas científicas do último século, o que deu liga a essa estrutura foi o poder da palavra. Se "o Mito é uma fala", a palavra deve ser muito valorizada. Queríamos olhar para ela, vocalizá-la em toda a sua espessura. Agregar imagem, ritmo, som e significado quando pronunciada. Estudá-la em sua morfologia e em sua fonologia; cuidar dos aspectos semânticos e sintáticos. Não esqueçamos que nos textos de Sófocles os personagens formulam pensamentos, ideias e conceitos pela primeira vez na história humana. Sua retórica é original! Pensamos: é preciso, nós aqui, 2.400 anos depois, escavar as camadas civilizatórias depositadas ao longo das eras e tentar acessar aquele primeiro pensamento, aquela primeira formulação. Esse foi o nosso objetivo: contar, ao nosso modo contemporâneo, esse Mito fundador por meio de palavras que tivessem a força do contágio como a peste – palavras transformadoras. Tragédia como a peste artaudiana.

O CAMPO DE VISÃO E A PALAVRA

Esse projeto seguramente se tornou mais um passo importante no desenvolvimento da pesquisa sobre o Campo de Visão e nos levou a novas descobertas que foram sistematizadas e transmitidas num primeiro momento atravé do espetáculo. No futuro elas também serão transmitidas certamente através de oficinas, cursos, *workshops* que costumamos realizar em diversos locais, mas principalmente no Espaço Elevador, sede de meu grupo de pesquisa, a Cia. Elevador, e também através da publicação de artigos em revistas especializadas.

Em *Tebas*, abrimos mais um ciclo dessa pesquisa. Ele é descendente direto de *Ifigênia*, que em 2012 trouxemos à cena e que se tornou um trabalho fundamental de nossa investigação, num projeto contemplado com a Lei de Fomento, como exposto no segundo capítulo. Ali, tudo era improvisado em Campo de Visão. Uma tragédia grega improvisada em coro se manifestava a cada dia das temporadas que realizamos, sendo sempre diferente, sendo sempre a mesma.

De *Ifigênia* para *Tebas* a pesquisa continuou. Dez anos se passaram. Novos projetos, outros temas, houve um amadurecimento natural tanto dos indivíduos que constituem a Cia. Elevador quanto do trabalho estético por nós processado. E foi devido exatamente a esse amadurecimento que, para as comemorações dos 20 anos, escolhemos *A Trilogia Tebana* para dar início a essa nova fase da pesquisa.

Nessa nova etapa de seu desenvolvimento, o Campo de Visão é também o "local" em que a pesquisa sobre a *palavra* encontra os corpos dos atores e atrizes para estruturarem as figuras trágicas: Édipo, Jocasta, Creonte, Antígona, Tirésias, Ismene, Polinices, Teseu etc. Todo o processo de criação se realizou em ensaios em que atrizes e atores "jogaram" o Campo de Visão em busca também dos "corpos" daquelas palavras. Nele, buscamos, investigamos, coletivamente e em alteridade, os sons, as imagens, as métricas e os sentidos da *palavra sofocliana* estabelecendo conexão com a atualidade, com os ouvidos da atualidade. Processamos, assim, a potência dramatúrgica da mitologia tebana para os ouvidos do presente através do Campo de Visão – nele, os corpos e as palavras foram gestados. Nele, personagens e suas retóricas ganharam forma e tons. Nele, os atores e atrizes trocaram experiências e descobertas, experienciaram coletivamente as diversas personagens, foram coro e indivíduo, estado e imagem, metonímia e metáfora.

Se, em *Ifigênia*, foi enfatizado o binômio indivíduo-coletivo/coro--protagonista – uma das características essenciais do sistema Campo de Visão – porque ali a personagem-título da obra depara com a possibilidade de o próprio sacrifício salvar a nação, agora, em *Tebas*, o que se enfatizou – primeiro em sala de ensaio – foi a questão da escolha no instante criador e definidor de sentido poético, ou seja, cada ator, no jogo improvisacional – assim como Édipo em sua vida –, faria opções que certamente influenciariam o todo; e, por sua vez, o todo (coro), a cada momento em sua dinâmica coletiva, faria as suas escolhas que com certeza afetariam o ator, porque este nunca está alheio à dinâmica coletiva.

Digo em sala de ensaio, pois, diferentemente de *Ifigênia*, *Tebas* não se tornou um espetáculo improvisado. Isso porque a busca pela qualidade da expressão da palavra que conta o mito foi enfatizada nesse processo. E, como se sabe, o momento improvisacional exige do ator apuros outros que podem levá-lo a se concentrar antes neles do que na palavra. Muito embora, no projeto inicial, prevíramos que, aqui e ali, o espetáculo pudesse vir a ter ações corais improvisadas em Campo de Visão, quando da retomada dos ensaios presenciais verificamos que nessa montagem esse expediente não seria realizado.

Ensaios de *Tebas* – início de 2020

Etapa dos ensaios em que havia a possibilidade de os atores usarem máscara.

Estudo cênico a partir do Campo de Visão. Gestualidade ritual em louvor ao Deus Apolo.

Gestualidade sendo concebida e processada em Campo de Visão.

TEBAS – O ESPETÁCULO

Em meados de maio de 2022, estreamos, enfim, depois do longo período pandêmico, *Tebas*, no Sesc Bom Retiro. Cumprimos uma segunda temporada no Espaço Elevador em julho e, em setembro, o espetáculo foi convidado a participar da quinta edição do "Mirada", importante festival internacional de expressão ibérica realizado bienalmente na cidade de Santos, promovido pelo Sesc. Para o programa da peça escrevi o seguinte texto de apresentação dos caminhos da encenação:

Os mitos em cada porto

Tebas como mundo. Tebas como Brasil. Tebas como SP.
A peste em Tebas. A peste no mundo. A peste no Brasil. A peste em SP.

Se o projeto inicialmente já contemplava os aspectos da peste como metáfora, no início de março de 2020 ele ganhou aspecto de realidade, e, ao longo do processo de criação que teve início no final de 2019 (processo interrompido por conta da pandemia) e que vem a público agora, em meados de 2022, adquiriu tom de hiper-
-realismo. Haverá alguém para decifrar a Esfinge? Artaud e o Teatro como contágio, uma referência.

> *Cada quantidade de "tempo" se divide numa teia de tempos. Não descrevemos como o mundo evolui no tempo: descrevemos o que acontece em tempos locais e os tempos locais que acontecem um em relação ao outro. O mundo não é como um pelotão que avança no ritmo de um comandante. É uma rede de eventos que se influenciam mutuamente.*

Essa reflexão do físico italiano Carlo Rovelli bem explica por onde foi elaborada a dramaturgia cênica. *Tebas* nasce de uma imagem de tessitura que resultou em uma dramaturgia original. Abordar as três peças de Sófocles que compõem o que se chamou de Ciclo Tebano: *Édipo Rei*, *Édipo em Colono* e *Antígona*, sob a ótica do tempo não cronológico. Ao eleger a figura do Édipo velho em Atenas vivenciando simultaneamente além do próprio presente, o passado e o futuro de sua família Labdácida amaldiçoada, o Tempo passa a ser o regente de tudo. Tempo, conceito tão amplo e complexo, com tantas definições tramadas por filósofos e cientistas ao longo de toda a história da humanidade e que aqui se assentou nesta: "o tempo, portanto, é isto: existe inteiramente no presente, na nossa mente como memória e antecipação", nos diz novamente Rovelli apoiado em Agostinho. O tempo do mito é o tempo do sempre. Paira. Imagem primeira, primordial.

Campo de Visão e oralidade

O corpo e a palavra. O corpo da palavra. A palavra no corpo. Campo de Visão. Esse jogo de palavras talvez apresente o maior intuito do processo ao que concerne ao trabalho dos atores e por extensão à encenação, uma vez que ela antes de qualquer coisa se baseia na expressão da palavra. "O mito é uma fala", já nos dizia Roland Barthes. E como fala precisa ser pronunciada em todos os seus matizes. Árida aridez. Atores vasculhando em si e além de si, interiormente e externamente, seus personagens em meio à aridez da urbe contemporânea em contraste com a natureza árida do território grego. Geografia e geografia humana. Na cena, composição de planos e vetores, de linhas e formas posturais dos atores dizendo- -compondo-refletindo suas "personagens". O eu e o outro. Alteridade essencial dos trabalhos da Cia. Elevador.

Visualidades: os Mitos sempre estão aí! Então... qual a arquitetura cênica que materializaria essa sua dimensão temporal na atualidade? Esta encenação escolheu um grande porto de qualquer lugar, os mitos acondicionados em contêineres, prontos a se manifestarem a qualquer momento, basta que alguém queira abrir a porta... e depois do "estrago" feito, serem transportados para outro lugar... a contemporaneidade quer e/ou teme ter com os Mitos?

O som que gesta Tebas. A nossa Tebas, o nosso porto. O timbre que soa. Tambor e flauta. Ruídos de guindastes, trilhos e navios. O mar. Voz de peito e voz de cabeça. *Vocalises*. Em Tebas haverá canto entoado. Em Tebas o canto será o próprio Tempo. E também, som como palavra vocalizada. "Ai de mim!" Som como Mito. Som como Tempo. O mito é uma fala e a fala é canto.

Tebas... Mito como fluxo que perdura, atravessa, paira nas épocas e nas gentes.

Tebas está em pleno acontecimento. Outras temporadas virão. Não tenho ainda o devido distanciamento para bem observá-lo, analisá-lo e tecer refle- xões repletas de experiência acumulada e digerida. Ele é o nosso atual gerún- dio. Por isso que, neste livro, não se configurou como um capítulo. Ficará, quiçá, para um próximo. Estou, neste momento, escrevendo as últimas linhas deste livro, imerso plenamente em sua vivência. Ainda mais porque, nesse trabalho, além de criar a dramaturgia cênica, dirigir o espetáculo e conceber

CONCLUSÃO – GERÚNDIOS COMO ARREMATE

sua iluminação, atuo como ator interpretando Édipo Velho, que em *Édipo em Colono* encontra, enfim, lugar de descanso depois de errar por muitos anos, cego, como um mendigo por terras estranhas conduzido por sua filha Antígona. Na verdade, em Colono, nas imediações de Atenas, Édipo, como ele mesmo diz, volta a ser homem, porque ali ele recupera o sentido de toda e qualquer existência, o sentido de ser útil à sociedade, mesmo que seja por meio de sua morte. Isso porque o deus Apolo sentenciou que, se ele fosse enterrado em solo consagrado às deusas Eumênides, aquela região seria protegida de eventuais inimigos que porventura pudessem atacá-la. Esse é o acordo que o velho Édipo faz com Teseu, o então rei de Atenas. Entrega seu corpo àquela cidade para protegê-la, no futuro, de seus inimigos. Édipo, o antigo rei de Tebas, herdeiro de uma família amaldiçoada, que, depois de assassinar sem saber seu pai, casar com sua mãe e com ela gerar filhos, furar os próprios olhos e ser expulso de sua cidade, encontra ao final de sua vida, enfim, um novo sentido para sua existência: "A ação mais nobre de um homem é ser útil aos seus semelhantes até o limite máximo de suas forças", já nos sentencia em *Édipo Rei*.

Por enquanto, sou capaz de dizer que, para um ator, não há exercício melhor e mais inquietante do que aquele de entrar em contato diariamente com estruturas fundadoras, arquétipos de grande intensidade que dizem respeito a todos. Lidar com tanta intensidade anímica promove em nós uma dilatação inequívoca tanto emocional quanto muscular. Édipo, Jocasta, Antígona, Ismene, Creonte, Tirésias e Teseu, os personagens centrais de *Tebas*, exigem que o ator, além de escavar a própria interioridade, certamente insuficiente para tal fim, alcance uma região anímica que diga respeito a todos e a qualquer um. O ator, assim, pluraliza-se em si. Exercita em si a alteridade, pois há Édipo nele, como há Jocasta e Tirésias. Mas, creia-me, não em sua memória individual ou somente nas experiências vivenciadas por ele em sua biografia, mas, sim, numa memória coletiva, em um lugar-comum, para Jung, no inconsciente coletivo, para mim, nas águas do riovivoso.[1] A cada dia de apresentação de *Tebas* nado de braçada no riovivoso. Ou ao menos esse é o meu objetivo... não, melhor, o objetivo que um material como esse exige de mim. Sim, trata-se de uma exigência, querido leitor! Não é confortável,

---

[1] *Riovivoso* – neologismo por mim concebido em meu doutorado: rio alheio à cronologia onde se encontra tudo que a espécie humana sentiu e produziu como também o que sentirá e produzirá. Para saber mais ver: Lazzaratto, 2022.

não é cômodo, não é fácil. Esse material exige esmero técnico e frequências livres e sintonizadas. Se, porventura, não nadar nessas águas em alguma apresentação, ao final tenho a nítida sensação de que não realizei bem o espetáculo. Posso até ter cumprido bem todas as tarefas cênicas, realizado boa movimentação, delineado bem a gestualidade, colocado a voz com clareza e com intenções bem apoiadas; ter ouvido os companheiros em cena e ter ficado atento à plateia e provavelmente não terei passado vexame, mas não terei estabelecido a conexão. Conexão! Para mergulhar no riovivoso somente com os cinco sentidos aflorados, a percepção aguçada, a racionalidade operando a todo vapor, os poros abertos à conexão. E essa é somente a primeira etapa! Uma vez conectado ao material, chega a hora da costura, escolher os melhores caminhos, pois são vários, mas estranho... trata-se de apenas um – paradoxo incontornável e tão verdadeiro –, e qual seria? Aquele que foi feito naquele dia, aquele que naquele dia teceu a trama entre você, a latência do arquétipo, os colegas de cena e o público. Nadar nesse rio repleto de intensidades não é fácil, exige esforço, concentração, sensibilidade aflorada, os sentidos abertos, o corpo disponível! Mergulhar nas águas mitológicas e deixar-se levar por suas corredeiras sem se afogar e sem buscar desesperadamente a margem é, ao mesmo tempo, amedrontador, delicioso, exaustivo e extasiante. Finalizo cada apresentação bastante cansado, confesso, mas com um tipo de cansaço que paradoxalmente me revigora e já com saudade de voltar a ali estar, a ali nadar naquelas águas turbulentas, abrir-me e me relacionar com aquela "outridade". Estar em Tebas como Édipo Velho me fortalece, me engrandece, me potencializa e, assim como ele, encontro de fato um sentido de utilidade no meu ofício. Porque o que ali acontece, o que ali se diz, o que ali se reflete nos explica, nos organiza, nos oferece medidas inequívocas para que nós, indivíduos que compomos uma sociedade, possamos, quiçá, fazer as melhores escolhas para um melhor viver.

E, por fim,

Como dizia Montaigne, a alteridade ininterrupta no seio da identidade produziu a identidade cultural.[2]

Edgar Morin

---

[2] Maldonato, 2014, p. 21.

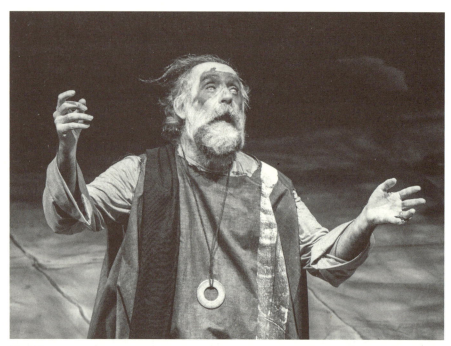

Édipo Velho.

Tebas – simultaneidade de tempos. Cenografia. O porto.

Coro ilustra Colono ao Velho Édipo.

Campo de Visão na abertura de *Tebas*.

CONCLUSÃO – GERÚNDIOS COMO ARREMATE

Iniciei esse trabalho num Ponto Zero, e aqui, neste arremate em gerúndios, retorno a ele, como na prática diária do Campo de Visão: ao fim de cada sessão, os atores voltam ao Ponto Zero e ali ficam por um tempo, os corpos suados, exauridos, mas plenos de acontecimentos, a vibrar, a reverberar, a refletir e sentir toda a experiência que acabou de acontecer em seus corpos e no espaço, relativizando o tempo... e com a estranha e potente sensação de que não acabou. Aqui, então, estou, em Ponto Zero, reverberando em mim essa última década de trabalho e pesquisa continuada que por ora acabei de percorrer, certo de que muita coisa ainda há por dizer, por pensar, por elaborar, por experimentar... o trabalho improvisacional do Campo de Visão é ininterrupto como um rio perene, como o rio de Heráclito ou o meu riovivoso repleto de antes e de devires. "O amanhã, o amanhã, o amanhã..." amanhecerá, e o meu trabalho com o Campo de Visão me apresentará novas possibilidades, outras camadas ainda não entrevistas, cantinhos ocultos, mesmo que não seja nosso intuito sermos novidadeiros, pois sabemos que há muita relevância na repetição, nos pontos de retorno, na revisitação. Não poderia ser diferente, o revisitar exercita o olhar, faz olhar novamente com outros olhos o sabido, e o novo saber extraído dessa experiência impulsiona para um novo desconhecido no amanhã. Amanhã, amanhã... Se Octavio Paz nos deu lá no início deste texto a primeira baliza sobre a "outridade" inspirado em Antônio Machado que muito me inspirou no meu doutorado,[3] a última baliza neste arremate

---

[3] "O outro não existe: essa é a fé racional, a crença incurável da razão humana. Identidade = realidade, como se, afinal de contas, tudo tivesse que ser, absoluta e necessariamente, um e sempre o mesmo. Mas o outro não se deixa eliminar; subsiste, persiste; é o osso duro de roer no qual a razão perde os dentes. Abel Martin, com fé poética, não menos humana que a fé racional, acreditava no outro, na essencial *heterogeneidade do ser*, como se disséssemos na incurável *outridade* de que o *um* padece" (Antônio Machado).

que Morin-Montaigne-Maldonato fundamentam é a da alteridade. Porque creio ser esse o maior objetivo deste trabalho: o exercício da alteridade. Ele se faz tão necessário. Ele é urgente. Creio que sem ele a humanidade corre o risco de sucumbir rapidamente. O meu maior intuito com a prática continuada com o Campo de Visão talvez seja este, o exercício da alteridade, e espero, mesmo, que de alguma forma ele esteja acontecendo, contribuindo tanto aos artistas da cena em suas criações como também em suas vidas diárias. Impossível não fazer conexão entre arte e vida nesse caso, com tema tão fundamental. Em conexão sempre e preservando as diferenças, mantendo as distâncias, para que o ar não falte.

Preparativos para a libação de Édipo em *Tebas*.

Édipo Velho conduzido pelo personagem Coro "enxerga" sua maldição.

ANEXOS

Ficha Técnica – *Ifigênia*

Direção
Marcelo Lazzaratto

Texto
Cássio Pires

Elenco
Carolina Fabri
Daniela Alves
Gabriel Miziara
Manfrini Fabretti
Maurício Schneider
Pedro Haddad
Rodrigo Spina
Sofia Botelho
Wallyson Mota

Músicos
Marina Vieira
Rafael Zenorini

Cenário e figurino
Luciana Bueno

Iluminação
Wagner Freire

**Assistente de direção/
Operação de luz**
Thomaz Kardos

Operação de vídeo
Iarlei Sena

**Arte gráfica e captação de
vídeo**
Fernando Bergamini

Direção de produção
Géssica Arjona

Realização
Cia. Elevador de Teatro
Panorâmico

Ficha Técnica – *O Jardim das Cerejeiras*

Direção
Marcelo Lazzaratto

Autor
Anton Tchékhov

Elenco
Carla Kinzo
Carolina Fabri
Léo Stefanini
Marina Vieira
Pedro Haddad

Rodrigo Spina
Wallyson Mota

Cenografia
Lu Bueno
Marcelo Lazzaratto

Figurino
Lu Bueno

Iluminação
Marcelo Lazzaratto

Música
Rafael Zenorini

Direção de produção
Henrique Mariano

Assistente de produção
Anayan Moretto

Realização
Cia. Elevador de Teatro
Panorâmico

Ficha Técnica – *Diásporas*

Concepção e direção geral
Marcelo Lazzaratto

Texto
Cássio Pires

Elenco Montanha
Alexandre Caetano
Bernardo Fonseca
Machado
Carol Caetano
Carolina Fabri
Dirceu de Carvalho
Maria Laura Nogueira
Marina Vieira
Michelle Gonçalves
Mônica Lovato
Pedro Haddad
Rita Gullo
Rodrigo Spina
Tathiana Both
Thaís Rossi
Wallyson Mota

Elenco Mar
Ana Carolina Salomão
Beatriz Coimbra
Bruna Luiza Munhoz
Carolina Banin
Isabela Basso
Juliana Saravali
Lucas Sequinato
Luiza Moreira Salles
Marana Delboni
Marcelo Lazzaratto
Mariana Tardioli
Quesia Botelho
Rodolfo Groppo
Ton Ribeiro
Virgílio Guasco

Elenco Deserto
Artur Mattar
Cadu Cardoso
Clara Rocha
Daniel Melotti
Domitila Gonzalez
Elias Pintanel

Karen Mezza
Lia Maria
Lucas Horita
Lucas Paranhos
Marina Campanatti
Murilo Zibetti
Paula Sauerbronn de
Andrade
Paulo Eduardo Rosa
Vanessa Petroncari

Companhias parceiras
Cia. Histriônica de Teatro
Os Barulhentos

Assistência de direção
Wallyson Mota

Figurino
Chico Spinosa

Equipe de criação
Kimiko Kashiwaya
Tarcisio Zanon

Adereços
Ângela Sauerbronn
Cave Props
Luana Kogus
Maria Rita Catelano
Lovato

Iluminação e espaço cênico
Marcelo Lazzaratto

Direção musical
Gregory Slivar

Sonorização e desenho de som
Gregorio Guirado
Kako Guirado

Projeto gráfico
Alexandre Caetano
Júlia Gonçalves – ORÉ
Design Studio

Fotos
João Caldas

Vídeos
Fernando Bergamini

Produção executiva
Verônica Jesus

Costura
Marcelo Leão
Baiana da Estácio
Idacy Lopes

Pintura de arte
Estúdio de Alefa

Operação de luz
Bruno Garcia

Mixagem e operação de som
Alexandre Martins
Gregorio Guirado

Camareira
Alessandra Ribeiro

Transporte
Lima CL Locação e
Transportes

Contrarregragem
Camilo Alves Martins

Administração do Espaço Elevador
Thais Rossi

Assessoria de imprensa
Pombo Correio

Produção
Anayan Moretto

Realização
Cia. Elevador de Teatro
Panorâmico

Ficha Técnica – *Tebas*

Dramaturgia cênica e direção
Marcelo Lazzaratto

Atores da Cia. Elevador
Carolina Fabri
Marcelo Lazzaratto
Pedro Haddad
Rodrigo Spina
Tathiana Botth
Thaís Rossi

Atores convidados
Eduardo Okamoto
Marina Vieira
Rita Gullo

Assistência de direção e preparação corporal
Dirceu de Carvalho

Iluminação
Marcelo Lazzaratto

Cenário
Julio Dojcsar

Figurino
Silvana Marcondes

Adereços
Marina Vieira

Música original
Dan Maia

Maquiagem
Cia. Elevador de Teatro Panorâmico

Fotografia
João Caldas

Projeto gráfico
Alexandre Caetano | Oré Design Studio

Técnicos de som
Anderson Moura
Gabriel Bessa

Técnico de luz
Lui Seixas

Contrarregra
Tiago Moro

Costureira
Atelier Judite de Lima

Cenotécnico
Fernando Lemos (Zito)

Interpretação em Libras
Eliane Sampaio
Fabiano Campos

Audiodescrição
Bell Machado /
Consultoria: Felipe Mianes / Quesst Consultoria em Acessibilidade Cultural

Assessoria de imprensa
Pombo Correio

Assistência de produção
Larissa Garcia

Produção executiva
Marcelo Leão

Produção
Anayan Moretto

REFERÊNCIAS BIBLIOGRÁFICAS

ANGELIDES, Sophia. *A. P. Tchekhov – cartas para uma poética*. São Paulo, Edusp, 1995.

BACHELARD, Gaston. *A poética do devaneio*. São Paulo, Martins Fontes, 1996.

BONDÍA, Jorge Larrosa. "Notas sobre a experiência e o saber de experiência". *Revista Brasileira de Educação*. São Paulo, ANPEd/SciELO, 2002. Disponível em <https://www.scielo.br/j/rbedu/a/Ycc5QDzZKcYVspCNspZVDxC/?format=pdf&lang=pt>. Acesso em 30/07/2023.

BUTLER, Judith. *O clamor de Antígona: parentesco entre a vida e a morte*. Florianópolis, Editora da UFSC, 2014.

CAGE, John. *Silence – Lectures and Writings*. London, Marion Boyars, 1973.

CAPRA, Fritjof. *O Tao da Física*. São Paulo, Cultrix, 1983.

CASTRO, Rodrigo Spina de Oliveira. *A voz e o Campo de Visão*. Dissertação de mestrado. Campinas, IA-Unicamp, 2012.

COOPER, Grosvenor & MEYER, Leonard. *The rhythmic Structure of Music*. Chicago, Chicago University, 1960.

CUNNINGHAM, Merce. *O dançarino e a dança: conversas com Jacqueline Lesschaeve*. Rio de Janeiro, Cobogó, 2014.

DARDEL, Eric. *O Homem e a Terra: natureza da realidade geográfica*. São Paulo, Perspectiva, 2015.

DELEUZE, Gilles & GUATTARI, Félix. *Mil platôs: capitalismo e esquizofrenia*. Rio de Janeiro, Editora 34, 2006.

DURAND, Gilbert. *As estruturas antropológicas do imaginário*. 3. ed. São Paulo, Martins Fontes, 2002.

EURÍPIDES. *Ifigênia em Áulis, As Fenícias, As Bacantes*. Trad. Mario da Gama Kury. Rio de Janeiro, Zahar, 2005.

GONÇALVES, Michelle Costa. *Campo de Visão: inventário de procedimentos*. Dissertação de mestrado. Campinas, IA-Unicamp, 2015.

REFERÊNCIAS BIBLIOGRÁFICAS

HALL, Stuart. *A identidade cultural na pós-modernidade*. Trad. Tadeu da Silva e Guacira Lopes Louro. Rio de Janeiro, DP&A, 2006.

_____. *Da diáspora: identidades e mediações culturais*. Belo Horizonte, UFMG, 2008.

KUSOMOTO, Meire. "O tempo só escraviza quem não sonha, diz filósofo italiano". Entrevista com Mauro Maldonato. *Veja*, ago. 2012.

LAZZARATTO, Marcelo Ramos. *Campo de Visão: exercício e linguagem cênica*. São Paulo, Escola Superior de Artes Célia Helena, 2011.

_____. *Arqueologia de um ator*. Curitiba, Appris, 2022.

LEVINAS, Emmanuel. *Totalidade e infinito*. Coimbra, Edições 70, 2008.

_____. *Ensaios sobre a alteridade*. Petrópolis, Vozes, 2010.

LOSCO, Mireille & MÉGEVAND, Martin. "Coro/Coralidade". *In*: SARRAZAC, Jean-Pierre *et al.* (org.). *Léxico do drama moderno e contemporâneo*. Trad. André Telles. São Paulo, Cosac Naify, 2012.

MALDONATO, Mauro. *Raízes errantes*. Prefácio de Edgar Morin. São Paulo, Edições Sesc, 2014.

MARANDOLA JUNIOR, Eduardo; HOLZER, Werther & OLIVEIRA, Lívia de. *Qual o espaço do lugar? Geografia, epistemologia, fenomenologia*. São Paulo, Perspectiva, 2012.

MORIN, Edgar. *Introdução ao pensamento complexo*. Porto Alegre, Sulina, 2007.

_____. *Conhecimento, ignorância, mistério*. Rio de Janeiro, Bertrand Brasil, 2020.

NGOMANE, Mungi & TUTU, Desmond. *Ubuntu. Lecciones de sabiduría africana para vivir mejor* (Spanish Edition). Penguin Random House Grupo Editorial España, 2020. Edição do Kindle.

PAZ, Octavio. *O labirinto da solidão*. São Paulo, Cosac Naify, 2014.

PESSOA, Fernando. *O livro do desassossego: composto por Bernardo Soares ajudante de guarda-livros na cidade de Lisboa*. Org. Richard Zenith. São Paulo, Companhia das Letras, 1999.

_____. *Quando fui outro*. Rio de Janeiro, Objetiva, 2006.

PIRES, Cássio. "*Ifigênia*". *Sobe?*, ano II, n. 2. São Paulo, 2012.

REINACH, Théodore. *A música grega*. São Paulo, Perspectiva, 2011.

SARRAZAC, Jean-Pierre. *O futuro do drama*. Trad. Alexandra Moreira da Silva. Porto, Campo das Letras, 2002.

SARRAZAC, Jean-Pierre *et al.* (org.). *Léxico do drama moderno e contemporâneo*. Trad. André Telles. São Paulo, Cosac Naify, 2012.

SCHILLER, Friedrich. *Teoria da tragédia*. São Paulo, EPU Pedagógica e Universitária, 1991.

SILVA, Kalina Vanderlei & SILVA, Maciel Henrique. *Dicionário de conceitos históricos*. São Paulo, Contexto, 2006.

SÓFOCLES. *A Trilogia Tebana – Édipo Rei, Édipo em Colono e Antígona*. Trad. Mário da Gama Kury. Rio de Janeiro, Zahar, 1990.

TCHÉKHOV, Anton. *O Jardim das Cerejeiras*. Porto Alegre, LPM, 2009a.

_____. *Tio Vânia*. Porto Alegre, LPM, 2009b.

TRAGTENBERG, Livio. *Música de cena*. São Paulo, Perspectiva, 2008.

TUAN, Yi-Fu. *Espaço e lugar: a perspectiva da experiência*. Londrina, Eduel, 2013.

WISNIK, José Miguel. *O som e o sentido*. São Paulo, Companhia das Letras, 1999.

Artigos

FERNANDES, Silvia. "Teatralidade e textualidade. A relação entre cena e texto em algumas experiências de teatro brasileiro contemporâneo". *Artefilosofia Ouro Preto*, n. 7, out. 2009, pp. 167-174. Disponível em <https://periodicos.ufop.br/raf/article/view/682/638>. Acesso em 9/5/2022.

LAZZARATTO, Marcelo Ramos. "*Ifigênia*: quando o coro improvisa". *Rebento: Revista de Artes do Espetáculo*, n. 4, 2013, p. 158. Artigo completo em <file:///Users/Casa/Downloads/58-106-1-SM.pdf>.

_____. "Em busca do corpo-paisagem". *Revista Geograficidade*, vol. 7, n. 2, no inverno de 2017 do Grupo de Pesquisa Geografia Humanista Cultural.

_____. "*Diásporas* no Campo de Visão". *Simpósio Internacional Repensando Mitos Contemporâneos – Babel: tradições, traduções e traições*, vol. 1. Campinas, IA--Unicamp, 2018, pp. 31-36.

LAZZARATTO, Marcelo Ramos & ZENORINI, Rafael. "*Ifigênia*: os sons como elementos da composição cênica". *Revista Artes do Espetáculo*, n. 5, jun. 2015.

Links dos espetáculos

Ifigênia <https://www.youtube.com/watch?v=4ISMxKCySoU&t=93s>.

O Jardim das Cerejeiras <https://www.youtube.com/watch?v=J1R445sGrGU&t=2053s>.

Diásporas <https://drive.google.com/drive/folders/1_-rs9TohsYsPgstgnGgRdNZqv7BGoM8R?usp=sharing>.

Escavando Tebas <https://www.youtube.com/watch?v=xKHpkkbmOvo&t=236s>.

Título	Campo de Visão: um exercício de alteridade
Autor	Marcelo Lazzaratto
Coordenador editorial	Ricardo Lima
Secretário gráfico	Ednilson Tristão
Preparação dos originais	Lúcia Helena Lahoz Morelli
Revisão	Matheus Rodrigues de Camargo
Editoração eletrônica	Ednilson Tristão
Design de capa	Estúdio Bogari
Formato	16 x 23 cm
Papel	Avena 80 g/m^2 – miolo
	Cartão supremo 250 g/m^2 – capa
Tipologia	Minion Pro
Número de páginas	192

Imagem de capa
Espetáculo *O Jardim das Cerejeiras* (2014), de
Anton Tchékhov, dirigido por Marcelo Lazzaratto;
atrizes: Carolina Fabri e Carla Kinzo; foto: João Caldas

ESTA OBRA FOI IMPRESSA NA GRÁFICA CS
PARA A EDITORA DA UNICAMP EM OUTUBRO DE 2023.